C000000846

王朝大逃亡

苏信吉 著

精装书国际标准书号：978-1-7384544-3-3

简装黑白书国际标准书号：978-1-7384544-4-0

电子书国际标准书号：978-1-7384544-5-7

中文版国际标准书号：978-1-7384544-6-4

中文电子书际标准书号：978-1-7384544-9-5

封面设计：Lauren Frances——www.instagram.com/labhrai

书籍装帧：www.shakspeareeditorial.org

献给所有生活和人权受到强权迫害的人们

历史将会重演吗？

苏信吉 著
图 © Odette Sugerman

目录

前言

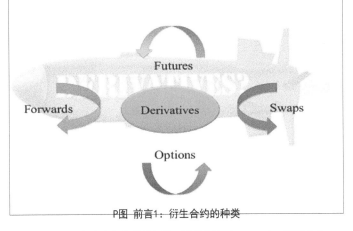

Swap合约（互换合约，又称掉期合约）——定义：一种金融衍生工具（即根据标的资产情况衍生出来的可以交易买卖的金融工具）的合约，交易双方约定在未来某一时期相互交换某种资产。

Futures

Forwards

Derivatives

Swaps

Options

P图 前言1：衍生合约的种类

根据上图，衍生合约的种类包括：期货合约（Futures），互换合约（Swaps），期权合约(Options)和远期合约(Forwards)。

书中阐述的是一个真实的故事。它说明了一个道理：互换合约和其他银行业务需要在全球范围内被重新评估衡量。简单来说，这个故事概括了台湾海陆运输集团（TAIWAN MARITIME TRANSPORTATION GROUP，以下简称TMT）的贷款是如何被挟持以及如何在国民党的政治王朝走向没落前从台湾本地银行被转移出去的。这个计划我们称之为X计划。兆丰银行及其前董事长蔡友才可能在台湾前总统马英九及其夫人周美青（绰号："大姐"）的指示下从中协助了这个计划。

　　本书作者苏信吉是一位亚洲船运巨子及发明家。他拥有TMT集团，是台湾航运业内根据美国《银行法》的第13.4节申请破产重组保护的第一人。他的故事表明了如果一个中央银行人员能够在有政府撑腰的情况下操控互换合约，那么他/她就可以利用这一点为所欲为。

金融背景

就韩国的财阀系统（THE CHAEBOL SYSTEM）和台湾的王朝系统来说，台湾和韩国最近几十年的社会经济历史都是非常独特的。台湾是一个在中国大陆阴影下生存的小国——中华人民共和国根据"一个中国"政策拒绝与任何承认中华民国，即台湾，的国家建立外交关系。迄今为止，全球有20个国家与台湾建立了官方关系，而其余的国家则通过设立代表处和代表机构等与台湾保持非官方关系。这些代表处和代表结构实际上履行着大使馆和领事馆的职责。尽管台湾已经完全自治，但是绝大多数有中华人民共和国参加的国际组织都拒绝台湾的加入或参与，除非其不以国家的名义提出申请。从内部来说，它们的政治分歧在于与中国大陆完成统一还是台湾完全独立，尽管现在双方都在弱化自身政治立场以增加其政治影响力。

　　因此，是什么让台湾的国内生产总值（GDP）跻身世界三十强，外汇储备排世界前二十位呢？一个处于亚洲边缘、人口只有2300万的小岛是如何在财政金融上取得如此巨大的成功的呢？我的家族在台湾和日本都颇有建树，因此我对最近五十年来的经济发展有着独特的见解。

　　1997年亚洲金融风暴始于泰国。当时泰国已经外债成灾，政府破产，货币体系崩溃。由此引起的金融风暴蔓延至东南亚和日本——除了台湾。货币贬值、股市下挫、私人债务增加造成了大众对全球经济衰退的恐慌。金融风暴最严重时，外债对国内生产总值比率飙升至180%；然而，刚刚完成工业化的台湾并没有受此影响。最终，国际货币基金组织（IMF）介入并发起了一场金额高达400亿美元的金融援助行动以稳定各国货币。在此期间，经济增长停顿，人民暴动频发，数国政府倒台。自1990年代初开始，尽管在政治上存在着分歧，台湾和中华人民共和国之间仍保持着强有力的经济联系。得益于中国大陆这个逐渐从沉睡中醒来的巨人，台湾富有活力的出口导向型经济使其真正的平均国内生产总值年增长达到8%，它的出口更推动了台湾的进一步工业化。台湾的贸易顺差额巨大，外汇储备总量跻身世前第五位——不得不说，对于一个小国，这实在是一个奇迹。

在1997年香港回归以后，台湾凭借其独特的地理位置一跃成为亚英银行体系中的领头羊。在2008年西方金融危机发生时，台湾再次幸免于难。第一个西方的对冲基金在2008年10月登陆台湾：与此同时，西方国家正饱受金融危机困扰，多家银行正在接受政府纾困。苏格兰皇家银行（Royal Bank of Scotland）、汇丰银行（HSBC）、巴克莱银行（Barclays）、渣打银行（Standard Chartered）还有澳新银行（ANZ Bank）都开始在台开展业务。这些银行一开始都只是商业银行，投资业务不多。然而，其中一个银行异军突起，那就是澳大利亚的麦格理银行（Macquarie Bank）。它的发展势头异常迅猛，很快成为了该银行集团的在亚洲市场的新星。麦格理专注于投资以中国地区为中心的商品，如煤炭和铁矿石，其投资业务范围之广可与美国的高盛（Goldman Sachs）、摩根士丹利（Morgan Stanley）还有美林银行（Merrill Lynch）媲美，一跃成为台湾投资银行的龙头。

值得一提的是，澳大利亚和新西兰的银行系统与继承自英国殖民主义的系统是密不可分的。类似于东印度公司的不受规范的运营模式促使了汇丰银行、渣打银行、澳新银行、新西兰银行、巴克莱银行以及其他银行的以自由放任主义为中心的方法论的形成。它们依照着在英国银行等级制度下长期形成的法律及金融习惯运营。

不过，现在先让我们回顾一下2007-2009年的西方金融危机。其成因有很多，但贪婪是最主要的原因。我在拙作《东方金客》中详细地阐述了西方大型银行所执行的巨大骗局——这个故事鲜为人知，我极力推荐读者们将它作为《王朝大逃亡》的辅助阅读参考材料。从本书的观点来看，苏格兰皇家银行对荷兰银行（ABN AMRO）的收购超过了其自身的负荷。荷兰银行台湾分行是全球表现最好的银行之一。它在2007年拥有80亿美元的现金存款和零衍生品业务，其业务要么与现金相关，要么与稳定的房地产市场相关。而陷入困境的苏皇银行是一家典型的罗斯柴尔德式"好银行/坏银行"企业。它深陷债务担保证券（CDO）和信用违约交换（CDS）的泡沫；泡沫的最终破裂导致了灾难性的混乱局面以及西方银行见证过的最大规模的政府金融援助。

然而，金融援助过后，混乱局面必须被清理干净，能揭露这个耸人听闻的银行骗局真相的证据必须被销毁。这些最后是通过亚洲银行在2009-2010年完成的。当时，悉尼、新加坡和其他银行中心都受到了高度监管，但台湾银行体系独特的"王朝"风格在销毁证据方面发挥了战略性的作用。2009年，台湾财政部长同意开始债务担保证券和信用违约交换的衍生品交易，而这些衍生品交易正是西方金融危机的起源。这样一来，这些有毒资产被隐藏起来，从而不被引入新的监管措施并企图找出真相蛛丝马迹的政府所发现。

因此，2007-2009年金融危机后，在清理西方银行的混乱局面的过程中，台湾银行了解到互换合约在不受规范的金融交易中非常有效。他们领悟到这是一种他们能加以利用然后从中得益的技术，一个可以套用以实行诈骗的公式。当时，统治了台湾六十多年的国民党王朝即将结束。据说它在当权期间通过腐败和欺诈积累了巨额财富。它能够在没有任何人知道或怀疑的情况下，找到把这些巨额财富从台湾转移出去的方法吗？

这就是苏信吉Nobu Su先生及其台湾海运集团参与到这个故事中来的原因。

图 前言2：苏信吉先生与民进党政治人物在讨论兆丰银行案时的合影e

第一章

历史背景

明朝军事家郑成功在1644年明朝覆灭后抵达台湾岛，并成功驱逐了在那里驻军的荷兰人，建立了以台南为首都的东宁王国。郑氏政权共历21年（1662年至1683年），在此期间持续西征中国大陆东南沿海乃至清政府的领土。郑氏家族沿用了荷兰的税制，并建立了学校和宗教寺庙。

清政府曾认为台湾是"一个尚未开化的泥球"，因而在1683年以前，台湾从未在任何中国官方地图上出现过。然而，在郑成功的孙子郑克塽被清朝闽南将领施琅击败后，台湾正式并入清朝疆域，由福建省管辖。这场战争的目的是摧毁郑氏政权，而不是占领台湾岛，因此清政府主张将所有华人遣返大陆并放弃台湾领土。到了1683年，在台湾只剩下大约7000名华人，全部都是因为与当地原住民通婚而留下来的。

为了杜绝海寇，清政府颁布了一系列管理移民和承认台湾原住民土地权的法令。但是，不断有大陆的居民移民到台湾，尤以福建南部居民为主。于是，需要纳税的土地与蛮荒之地间的界限逐渐东移，有些原住民被"汉化"，而另一些原住民则退居山中。从1683年到1760年，清政府一直采取措施限制移民进入台湾；但到了1760年，这些限制被解除了。到1812年为止，在台湾有超过200万的华人移民。

清朝摄政太后、来自满洲叶赫那拉氏的慈禧在清朝末年成为了实际掌权者。她年少时就成为了咸丰帝的妃嫔，并于1856年生下了儿子载淳。1861年咸丰帝驾崩后，少帝载淳即位，称号同治皇帝，而慈禧则成为了摄政太后。1875年同治皇帝去世后，她将侄子推上皇位，成为了光绪皇帝。这个做法有悖于清朝"父位子承"的传统做法，进一步巩固了她对清朝的控制。为了加强叶赫那拉氏对清皇室的影响力，慈禧更在1889年把她位居将军的弟弟的二女儿嫁给了光绪帝，她就是中国历史上最后一个皇后——隆裕皇后。然而，光绪帝并不亲近他的皇后，反而对他他拉氏的珍妃万般宠爱。慈禧发现此事后将珍妃打入冷宫，最后更将其溺毙在紫禁城中的一口井中。

慈禧坚决反对光绪帝的"百日维新"运动，并将其软禁于颐和园。隆裕皇后监视着皇帝的一举一动并向慈禧太后报告，但此举并无碍她被普遍认为是一个亲切的人。

在这段时期的台湾，闽南各地区的汉族和客家族之间，以及福建华人和台湾原住民之间都存在着不少矛盾和冲突。清政府头疼不已，认为台湾难以管治。台湾还受到外族入侵的困扰——1841年，英军曾三次入侵基隆，但都被由姚莹率领的清朝海军打败了。1867年，一队美国入侵者被台湾原住民所杀；之后美国发动福尔摩沙远征以报复，却被原住民再次打败，之后被迫撤退。台湾北部和澎湖列岛是中法战争（1884年–1885年）的主要战场，法国在1884年10月1日占领了基隆。清将领刘铭传招募了当地的原住民并将他们收编到军队里，与清军并肩作战，终于在淡水之战中打败了法军，迫使法军最后全线撤退。鉴于上述多次的外国入侵，清政府从1855年开始修筑了一系列的沿海防御工事，并在1887年将台湾升格成为行省，刘铭传出任台湾省首任巡抚，首府为台北。刘铭传将台湾划分成十一个县，并修筑了从台北到新竹的铁路，在基隆开设了一个矿场，还建立了一个兵工厂，用以巩固台湾对外国入侵者的防务。

早在1592年，日本就试图宣称对台湾拥有主权，并将其称为"高砂国"。日本在随后的三百年中曾对台湾发起零散的入侵，但都无功而返。这主要是由于疾病横行和岛上原住民的反抗。1871年，排湾土著猎头族人割掉了一艘遭遇海难的琉球船只上54个船员的首级，日本企图籍此事件将其在台湾领土的扩张合法化。尽管清政府指出琉球乃中国领土，日本无权干涉中国内政，日本仍宣称清政府及其海关对这些未开化的野蛮族人根本鞭长莫及，无法控制他们，并且以此作为1874年派出3600名士兵出兵牡丹社的理由。排湾猎头族人损失了30名青壮年男性，而日本则损失了543名士兵，只好撤兵。之后清政府派出三个师（约9000人）巩固了对台湾的主权。

日本直到在第一次中日战争（1894年–1895年）中大败清海军之后才终于占领台湾。日本的殖民扩张分为三个阶段：

1. 始政时期，镇压一切武力反抗；

2. 同化时期，相近平等地对待各种族；

3. 皇民化时期，将台湾人民变成忠诚于日本天皇的臣民；

台湾银行成立于1899年，旨在鼓励包括三菱和三井集团在内的日本私营公司投资台湾。截至1905年，台湾财政实现了自给自足，基隆港和高雄港的现代化促进了原材料和农产品的海路运输。有的人愿意受日本统治，有的人乐意成为日本天皇的臣民，但中国民主革命者热衷于光复台湾，回归祖国。从1897年起，他们发起了多起叛乱，其中最着名的一次是由民主革命家罗福星率领的；他之后不幸被捕，与200名同志一起被处决。罗福星是同盟会的成员，而同盟会是国民党的前身。

虽然同盟会在台湾没有打败日本侵略者，但他们推翻了清朝并在中国大陆建立了中华民国。 1908年光绪皇帝逝世，慈禧太后在几天后也相继去世。她死前命光绪皇帝两岁的侄子溥仪继承皇统。溥仪过继给了无子的光绪皇后，后者称号隆裕太后（寓意吉祥和兴盛）。隆裕太后摄政，成为了清政府的实权人物，参与了所有的重大决策。 直到1911年辛亥革命，她代表五岁的溥仪签署退位诏书，才正式走下政治舞台。

国民党，即中国国民党，是辛亥革命后由宋教仁和孙中山创立的政党。尽管孙中山被尊为"国父"，但他没有军权。他于1912年2月12日将共和国临时总统的职位交给了袁世凯，而后者一手安排了末代皇帝溥仪的退位。1925年孙中山去世后，国民党内的实际权力落到了蒋介石的手上。他曾在俄罗斯接受培训，是国民革命军的领导者。1928年，他成功地统一了中国的大部分地区，结束了民国"军阀时代"的混乱局面。

此时，台湾已成为服务于日本工业经济的主要食品生产地。 1935年10月，台湾总督举行了 "始政四十周年纪念台湾博览会" 以展示在日本统治下台湾如何实现了现代化。这引起了全世界的关注，中国国民党派遣受曾留学日本的陈仪出席了此次会议。他对日本的高效率表示钦佩，并庆幸台湾人能在如此高效的管理下生活。具有讽刺意味的是，陈仪后来成为中华民国第一任台湾省行政长官，并因在其治下腐败贪污之事频频发生而臭名昭著。

1937年，随着日本在华展开与中国的全面战争，台湾的工业生产能力已扩大到能够生产战争物资。到了1939年，台湾的工业生产量超过了农业生产量。与此同时，皇民化运动正在继续进行，以确保台湾人民仍然是日本天皇的忠实臣民。 1942年，在美国参加抗日战争并支持中方后，中国国民党政府废除了与日本的所有条约，并将台湾回归中国作为战时目标。 1945年，日本无条件投降，结束了其在台湾的统治。

战后，联合国裁定台湾由中国行政统治。而在战争刚刚结束时，国民党行政当局与以前日本政府相比是极其腐败的，又对人民采取镇压手段。这引起了人们的不满，从而导致了国民党对人民施行镇压，史称"白色恐怖"。 在此期间，14万人因被视为反国民党而被监禁或处决。许多人因有与共产党或真或假的关系而被逮捕受刑，被监禁，甚至被处决。由于这些人多数是台湾知识分子，积极分子和社会精英，整整一代的政治和社会领袖都从地球上消失了，其恶劣后果与1989年的"六四事件"相当。

从20世纪30年代起，蒋介石的国民党政府和毛泽东的共产党之间一直笼罩着内战的阴霾。 1949年共产党获得内战胜利后，主要来自国民党的200万难民逃往台湾。中华人民共和国在中国大陆成立了，而蒋介石在台北也成立了中华民国临时（或称战时）首都，并将其政府从南京迁到台北。 1949年，蒋介石宣布对台湾的军事统治。在国民党的统治下，这些来自大陆的国民党人在未来几十年里主宰了台湾。

国民党接手并控制了原来由日本人拥有的垄断行业。他们将台湾17%的国民生产总值国有化，并且宣布由台湾投资者持有的日本国债债券无效。国民党政府将许多国宝、外汇储备、还有所有的黄金储备从中国大陆转移到台湾，并利用这笔储备支持新台币，稳定新币，制止恶性通货膨胀。

从1950年到1965年，台湾一共从美国处获得15亿美元的经济援助和24亿美元的军事援助。这主要是因为美国政府不希望共产党进一步扩大其领土范围。在二十世纪五十年代，国民党实施了一项影响深远的土地改革方案，即在中小农户中重新分配土地，并用实物土地债券和公营事业股票补偿给被征收土地的大地主。一些人将他们的补偿转化为投资资金，开始建立商业和工业企业。这些企业家成为了台湾的第一代工业资本家，并促使了台湾从农业经济向商业经济和金融经济的转变。然而，其中受惠最多的是国民党的精英们，其余大多数人并没有受到亚洲四小龙的经济发展带来的好处。

几十年前就有这么一个谣言：如果把蒋介石及其夫人还有国名党的所有资产合并起来，那么这个数额将会超过整个中国当时全年的国内生产总值。

图 1.1蒋介石与国民党众

图 1.2蒋介石及夫人

兆丰银行的历史背景

2006年8月21日，中国国际商业银行（ICBC）与交通银行（CHIAO TUNG BANK）合并成立兆丰国际商业银行（MEGA INTERNATIONAL COMMERCIAL BANK CO. LTD.）。这两家银行在台湾和中国都有着悠久的历史。

中国银行的起源最早可以追溯到大清银行及其前身户部银行（隶属于清王朝的财政部门）。在1928年中国中央银行成立之前，中国银行一直是国库的代理银行，具有发行货币的职能。1971年，中国银行在台湾改制为民营，更名为中国国际商业银行（ICBC）。而自那时起，中国银行成为了一家从事国际贸易和外汇交易的特许专业银行。

交通银行成立于在中华民国（台湾）建国五年前。自民国成立伊始，它跟中国银行一样，是一家被授权为政府的代理银行并具有发行货币的职能。1928年它还是一家工业持牌银行，1975年转型为工业银行，1979年再次转型为发展银行；1999年，交通银行从国有控股银行转型为民营银行，并从那时起开始从事贷款展期，股权投资和风险投资业务。

交通银行和国际证券公司于2002年成立了交银金融控股公司。之后，它控制了中兴票券金融公司和倍利国际证券公司。 2002年12月31日，中国产物保险股份有限公司与交银金融控股公司联合组建了一个名为兆丰金融控股股份有限公司的联合企业，简称兆丰金控。

2006年8月21日，中国国际商业银行与交通银行正式合并，改名为兆丰国际商业银行股份有限公司。截至2015年底，该行在台湾拥有107家分行，在海外拥有22家分行，5家支行和5个代表处。加上在泰国和加拿大银行网络内的全资银行子公司，其海外机构总数达到39家。该公司现有员工近6000人，实收资本总额达新台币855亿元。

由此可以看出，兆丰银行受国民党的影响甚巨，因为它既是中国大陆的国民党，又是台湾的执政党。

第二章

台湾国民党王朝

在前一章中，我们概述了中国近现代史中关于中华民国（即台湾）建国的那一部分。虽然这本书的目的并不是讲述台湾政治或其他方面的历史，但第二章概括了近几十年发生的事件以帮助读者理解本书背景。

国民党统治下的中华民国一直被美国和大多数西方国家承认为中国大陆唯一的合法政府，这是因为西方国家由于冷战而拒绝承认中华人民共和国。国民党以警惕共产主义的渗透和准备反攻大陆的借口对台湾实行军事管制，以一党专制控制台湾，不允许政治反对派的存在。　这种情形一直保持到20世纪70年代。1971年，联合国承认中华人民共和国北京政府的代表是中国在联合国的唯一合法代表，因此台湾退出了联合国。联合国给予台湾双重代表权，但蒋介石要求保留台湾的安理会席次，这是北京政府所不能接受的。蒋介石本着　"汉贼不两立"　的立场退出联合国，取而代之的是中华人民共和国。　1979年美国与北京政府正式建交。

蒋介石于1975年去世后，其子蒋经国继任国民党领导人，头衔由他父亲的"总统"　改为"主席"。虽然蒋经国是令人闻风丧胆的特务头子，但在他治下的台湾政府逐渐放松了政治控制并向民主过渡。尽管反对党仍然是非法的，但国民党不再禁止反对派举行会议或发表文章。1986年底民进党成立，蒋经国决定默认其存在，不解散该党或迫害其领导人。翌年，他停止了对台湾的军事管制；1988年他去世后，其继任者李登辉继续推行政府民主化。李登辉的改革措施包括由中央银行而不是按照以往惯例由台湾省级银行印刷钞票等，但他并没有成功地打击到随处可见、规模甚大的政府腐败。许多国民党拥护者认为李登辉改革太多而背叛了中华民国，而反对派则认为他的改革远远不够。

李登辉以时任台湾总统的身份在1996年台湾首次公民直接投票的总统大选中击败民进党候选人彭民敏。李登辉在任后期被牵涉进政府卖地和购买武器有关的腐败案件，引起了广泛争议——虽然没有执法单位对他采取任何法律行动。

2000年的总统选举标志着国民党一党统治的结束。民进党领导人陈水扁在此后八年担任了台湾领导人。在2004年大选胜利的前一天，陈水扁和副总统候选人吕秀莲遭受枪击，民进党认为这一暗杀行动是由国民党策划的。凶手共开了两枪，其中一颗子弹穿过吉普车挡风玻璃和陈水扁的几层衣服后擦过其腹部，另一颗子弹则在穿过挡风玻璃后打中吕秀莲因先前受伤而戴着的护膝。这些都不是致命伤。警方表示，犯罪嫌疑最大的嫌疑人是陈义雄，他指责总统执政后经济不好，导致其失业，后来被发现死亡。然而，吕秀莲坚信当时有两名枪手。

2000年以后，国民党开始剥离资产以缓解财政困难。交易没有被公开披露，出售资产后所得资金下落不明。在陈水扁担任总统职务期间，民进党在立法院提出了要追回非法所得党产并归还给政府的提案。但由于民进党对立法院缺乏控制，这一提案没有实现。国民党确实承认它的一些资产是通过非法手段获得的，他们承诺将它们返还给政府。然而，没有人知道这些被视为非法所得的不当党产究竟有多少。民进党声称这些不当党产实际上比国民党承认的多得多，国民党准备以低于市场的价格出售它们，而不是将它们退还给政府。这些交易的细节从未被公开披露过。

陈水扁在任期间的国内政治在很大程度上是一个政治僵局，因为国民党在立法机构中仅以微弱的优势占有多数席位。银行改革立法是在此僵局中进展甚微的众多项目中的一个，其初衷为整合台湾多家银行。

2005年台湾通过修宪，建立了一个兼有单席位选区相对多数制和比例代表制的两票选举制度，并废除了国民大会，将其大部分权力转移到立法院，并以全民公投决定进一步的修宪内容。

政治是一场昂贵的游戏。政治家需要金钱和资源，尤其他们几十年来一直被人民又爱又恨。我们已经看到，台湾本地人，或者说是"本地化"的台湾人，一直是台湾人民的主体，无论是原住民还是来自海外、最终选择留下来的冒险者。然而，在过去70年间，一群少数外来者显而易见地"入侵"了台湾：他们就是在1949年被毛泽东领导下的共产党打败后逃离大陆的国民党。此后，台湾在政治和经济方面都经历了巨大的实验性的改革，而这些改革中的最大成功是直接选举制度。由于选举人大多数来自不同的民族，台湾的政治舞台注定是纷繁复杂的；但是，在全球只有极少数国家的公民能以直接投票的方式选举其领导人。

2005年，马英九出任国民党主席，并于2007年因涉嫌挪用34万美元而被台湾高等检察署起诉。但他最后被判无罪，并立即向检察官提起诉讼。 2006年，国民党将其位于台北中山南路11号的总部以9600万美元（几乎是市场价值的一半）出售给长荣集团，并迁入台北市东部八德路一栋较小的楼房。

2008年，国民党的马英九在总统选举中获胜，前任总统陈水扁及其夫人贿赂罪名成立后被投入监狱。陈水扁在狱中度过了六年，他的支持者坚持认为他被判有罪是国民党出于政治动机对其执政八年而实施的报复。2008年，马英九当选台湾总统，他的妻子周美青成为了第一夫人。周美青夫人曾供职于台湾的兆丰国际商业银行；在她的丈夫成为总统后她继续在兆丰银行 "工作" 。她出任兆丰国际慈善基金会的秘书，而前兆丰银行董事长担任该基金会主席。

对台湾人民来说，金钱的力量是巨大的。除了金钱以外，维持执政党的运营和供养地方政客还需要一个体系。台湾基础产业几乎全部被政府资金通过银行和国有企业（如兆丰银行、台湾银行、彰化银行、华南银行、台湾土地银行、台湾合作金库银行、中国钢铁、台湾电力、台湾中油、台湾糖业、台湾啤酒等）所控制。作为在台湾执政多年的执政党，国民党在银行、投资公司、石油化工公司、电视台和广播电台等领域建立起了庞大的商业帝国，成为世界上最富有的政党，资产曾一度估计在100亿美元至500亿美元之间（不包括长期股息和捐赠），通常被称为"黑金"。他们控制了警署和司法部，组成了一个由同一个团体统治的王朝，利用他们的财政权力来控制国家和台湾人民——而在2008年，周美青夫人成为这个王朝的王后。

中国历史上有许多古老的王朝如宋朝，明朝，清朝等——王朝制度古已有之。台湾的现代政党制度支持着政治王朝的更替，其方式与古代王朝大同小异，只不过它是通过选票而不是专制来达成这一目的。国民党王朝在金融方面是一个贵族，并非基于任何的贵族血统，而是基于财富谱系。政治就是力量，金钱成就政治。关于金钱凌驾于道德信念之上的一个好例子就是2016年美国总统选举。这个事实让人很不舒服，国民党对陈水扁的监禁也是如此。

2010年，这种政治报复行为开始让国民党王朝不安。对选民报复的恐惧使他们寝食难安、夜不能寐：如果他们再次失去了权力，他们将如何保住自己的巨大财富？即使马英九在2012年赢了总统大选，国民党仍然非常恐惧。民进党再度受到民众的欢迎，其赢得2016年大选的机会也越来越大。2014年3月和4月，为了抗议国民党的腐败和独裁，大学生们占领了议会大楼（"太阳花学生运动"）。2014年7月，国民党报告其总资产为8.924亿美元，利息收入为新台币981.52亿元，其中很大一部分被怀疑是非法获得的。类似这样的事件改变了选民选举情绪和对马英九领导的台湾王朝的观感，周美青夫人由此看到了不祥之兆。正如马英九监禁了陈水扁及其妻子一样，周美青夫人担心，一旦失去了权力的保护，她和她的丈夫也会遭受同样的报复。

周美青夫人担心的结果无可避免，因此很早以前，国民党王朝就已决定把资金从台湾转移出来。我们不要忘记，周美青夫人曾在台湾最大的银行兆丰银行从事法务相关工作超过二十五年。她是该行的法务处处长，对台湾、美国、台北外交盟友如巴拿马（中华民国花费了大量资金维持外交关系的亲密盟友）的司法管辖区、中国大陆和英国的银行交易和法律程序都有着全面的了解。除了她还有谁可以更好地保护国民党王朝的财政呢？她在仔细地研究了2007-2009年的全球金融危机后，可能没花太长时间就已经弄清楚该怎么做：她可以充分利用她的财务和法律专业知识来帮助她的家人和国民党逃过大难。

国民党确实有理由感到担忧：2016年1月，民进党获得总统席位，并在立法院取得实质性胜利，获得其113个席位中的68个席位，占国会的绝对多数。这次选举标志着非国民党首次在立法机构中获得多数席位。民进党成立了不当党产处理委员会，对在戒严期间获得的国民党资产进行调查，并追回那些被认定为非法获得的资产。

然而，周美青夫人可能没有等到2016年才开始策划台湾国民党资金的转移——　哦，不，她可能在2008年一成为国民党王朝的王后就开始策划了。那个时候，她和她的同伙开始注意到我的公司台湾海运（TMT）集团的"运输"潜力。

马英九的家庭背景与情报体系

我们再来谈谈马英九总统政治世家与情报体系。他优秀的政治情报血统可以从他的母亲秦厚修女士谈起。秦厚修（1922年11月19日－2014年5月2日），字彤熙，生于中华民国湖南省宁乡县，　前中华民国国军中校、公务员、中国国民党党员，曾任台湾石门水库管理局组员。1949年国民党败退，她与先生撤退到香港，并于1950年生下马英九。1952年她随夫家来到台湾，后直接进入国防部工作，为国防部总政治作战局的统计官，官拜中校。而后因为具有统计及商业背景，她在中央银行外汇局业务科担任主任一职，在我看来这是为国民党的"党库通国库"极佳的安排。

秦女士的父亲秦承志曾任军统局第三处处长，负责间谍、反动、暗杀等工作，随国民党撤退来台，改任警察广播电台主任秘书、文刊总编辑。

图 2.1 "噢，那些充满荣耀的日子！"

第三章

金融王朝

国民党党产就我认知可以从民国四大家族说起，即"孔"、"宋"、"蒋"、"陈"。陈博达先生曾说过四大家族在其当权的民国初期，就已累积超过200亿美元的巨额财产，垄断了全中国经济命脉；1949年中国全国国内生产总值约为180亿美元左右。1993年，国民党中央投资公司总经理刘维琪指出，党营事业40余年，营运累积9639亿新台币。1949年撤退来台后，国民党在党国不分的极权统治之下，其投资包含接收日本战后财产及党营特许经营之行业，可分为七大控股公司，包括中央投资公司、光华投资公司、建华投资公司、华夏投资等。其转投资之特许与非特许行业更超过300家以上。为简单起见，我统称这些控股公司为"中国投资基金"。

以下为维基百科整理：

中央投资公司：

主要转投资公司（金融、石化、一般、海外事业、证券投资）：中兴票券、国际票券、中央产物保险、台湾苯乙烯、中美和石化、中兴电工、东联化学、中华开发、复华金控、高雄企银、中鼎工程、建台水泥、信大水泥、亚洲水泥、新新天然气、德记洋行、合勤科技、远东航空、国际投信、幸福人寿、环宇投资、中加投资、清宇环保、沣水营造、汉洋建设、永昌建设、宏启建设、启祥实业、中辉建设、金泰建设光华投资公司：

主要转投资公司（能源科技事业）：复华金控、欣高石油气、欣雄石油气、欣泰石油气、欣南石油气、北谊兴业、三星五金、欣欣大众、远东航空、联电、伦飞

华夏投资公司：

主要转投资公司（文化事业）：中视、中广、中影、中央日报、中华日报、正中书局、欣和

启圣投资：

主要转投资公司（营建开发）：沣水营造、汉洋建设、永昌建设、宏启建设、启祥实业、中辉建设、金泰建设、中华开发

建华投资：

主要转投资公司（金融事业）：建华银行、中华开发、中国信托、中兴票券、高雄企银

悦升昌投资：

主要转投资公司（海外投资事业）：新地平线、赖比瑞亚悦升昌、新加坡大星、昌钛投资

景德投资：

主要转投资公司（保险事业）：幸福人寿、中华开发、中华映管、中影

其他：

主要转投资公司（航运事业和航空事业）：台湾航业，中华航空，阳明海运，中国造船

昱华开发、双园投资、中园建设、丰园建设、齐鲁企业、裕台企业、裕台开发实业、盛昌投资、帛琉大饭店、日本台湾贸易开发株式会社、其士国际（英属维京群岛）、KOPPEL、APH　Investment及新地平线等。天然气供应（与退辅会合资者）计有欣隆、欣

欣、欣云、欣嘉、欣南、欣营、欣高、欣雄、
欣屏、欣泰、欣芝、欣中等12家。

两岸太子党

故事可从1970-1980年代台湾政坛的国民党"四大公子"谈起。国民党四大权贵富二代在中国及香港金融体系所建立的关系包含：

钱复（Frederick Chien / Chien Fu）：驻美代表（1982年11月19日 – 1990年7月20日）；中华名外交部长（1990年5月30日 – 1996年6月8日）；现任：国泰世华银行董事，国泰慈善基金会董事长。

其子钱国维（Carl Chien）：1964年12月10日生。学历：乔治城大学MBA。曾任：摩根史丹利资产管理副总裁（华尔街）（1994 -1997年）；高盛证券执行董事 （1997-2002年）；摩根大通银行台湾区总经理（2002年），同年8月主导"国泰合并世华案"；摩根大通台湾区总裁 （2004年2月）；摩根大通亚太区主席兼任台湾区总裁（2017年）

连战（Lien Chan）：中华民国外交部长（1988年7月20日-1990年5月30日）；台湾省主席（1990年6月15日-1993年2月27日）；行政院长（1993年2月27日-1997年8月31日）；中华民国副总统（1996年5月20日-2000年5月20日）

长子连胜文（Sean Lien/Lien Sheng-Wen）：1970年生。GE亚太创投执行董事；摩根史坦利投资银行副总裁；永丰金控董事（2011年1月-2014年6月）

次子 连胜武（Lien Sheng-Wu）：1974年生。现任：鑫鑫资本公司董事长、中盛资本管理执行董事、天津中银中盛股权投执行董事、永丰商业银行董事

陈履安（ Chen Li-an）：曾任：经济部长（1998年7月20日-1990年6月1日）；国防部长（1990年6月1日-1993年2月1日）；监察院院长（1993年2月1日-1995年9月23日）富裕创投基金董事长（2002年-至今）

其女　陈宇慧（Chen Yu-Hwei）：1973年生。目前任职香港荷兰银行。

除了上述之外，还有前副总统萧万长的儿子萧至佑，目前任职台湾工业银行大陆政策CEO；前副总统吴敦义公子任职於香港金融圈；江丙坤的儿女目前也在中国经商，所以称之为两岸太子党。

接下来谈谈国民党的前总统马英九，其座右铭为"温良恭俭让"，表面看似温文儒雅，实质希望大权在握。这从马英九任内媒体统计所爆发的党产及金融相关弊案或许可以略窥一二：

1. 大巨蛋案，马英九在卸任前匆促与远雄集团签下大巨蛋BOT合约，检调应追查其中有无弊端。

2. 中广空头交易案：在马英九精心设计下，由赵少康成立四家空头公司，与华夏投资进行假交易，顺利取得中广经营权，整个交易过程都是黑箱作业。

3. 中影黑吃黑案：国民党卖中影公司，采取台面下交易方式；最后，挂名董事长的蔡正元和出资入主的庄婉均，互控对方黑吃黑。

4. 中视洗钱通党库案：国民党将财报净值一五二亿的三中，以四十亿元卖给荣丽公司，双方契约中明列"回算机制"，依这些不动产日后实际处分价格，结算双方应取付的价金，涉嫌用此方式洗钱。

5. 国发院卖地案：马英九以四十二亿五千万元，将国发院土地卖给元利建设，双方在合约中增列但书，土地买卖完成前，国民党须先负责向政府部门申请完成都市计划变更，将机关用地改为住宅用地，"马市长"涉嫌图利"马主席"。

6. 北市银超贷中广案

7. 兆丰金控纽约洗钱案

8. 庆富造船诈贷案

马英九（Ma Ying-jeou）：曾任：法务部长（1993年）；台北市市长（1998年）；中华民国领导人（2008-2014年）

配偶 周美青 （Christine Chow Ma）：曾任职兆丰商业银行法务处处长

女婿 蔡沛然（Allen Tsai）：曾任职于德意志银行；目前任职于香港摩根银行，并定居香港

因此，在全世界紧盯洗钱及国际金融秩序的关键时刻，若台湾继续党国不分，让国库通党库，那么金融帮将会掌控国家利益，使大家族利益、国民党官二代的利益凌驾于台湾全民利益之上。最后，这样的损失将不会停止，而且无穷无尽。

然而，真相大白总是只差一步之遥。

图 3.1国民党在台北被视为"不当党产"的大楼

第四章

骗局开端

关于我，苏信吉（NOBU　SUE），如何在臭名昭著的英國石油公司（BP）墨西哥湾漏油事故发生后，将我的超级油轮A　WHALE号改装成除油船在马康多油井（MACONDO　WELL）协助除油的故事从未被报道过，至少没被正确地报道过。　马康多油田是一个位于墨西哥湾美国专属经济区的由BP运营的石油和天然气井。该油田在2010年4月发生了深水地平线（DEEPWATER HORIZON）钻井平台爆炸事件，造成了人类历史上最大的漏油事件。为了帮助清理海上浮油，我花费了数百万美元将我的A WHALE号油轮改装成世界上最大的除油船，让它可以吸入含油海水，透过WEIR系统分离出油，并将清洁过的海水排回大海。

我们成功收集了100万桶石油和海水混合物。然而，BP曾秘密地向污染海域注入不知名的分散剂将浮油分解成浮油滴，这样一来，基于水油比重差异（海水为1.025而油小于0.85）的分离技术就没有了用武之地，从而无法将油从被污染了的海水中分离出来——因为 A Whale号的除油设计是基于黑色粘稠的油样，其中不含任何分散剂。但它在原则上是行得通的，此领域的技术人员和工程师亦已承认了该设计的成功。我不打算深究这件事，然而这件事引起了深远的影响，直到今天，还有数百起英国石油公司（BP）法律纠纷诉讼仍在继续。

美国政府在马康多井泄漏事故发生后发布了一项新法规，该法规不允许任何人在墨西哥湾沿岸一定范围内采集石油。　美国乔治亚州萨凡纳的弗兰克·皮普尔斯（Frank Peeples）先生告诉了我这件事。他的生意遍布美国沿海地区，拥有庞大的物流，仓储和运输网络。因此，我在美国的联系人无法向我提供合适的油分散剂样品，而这影响了最初的改装设计——这将需要一个月的时间才能将A Whale号油轮的除油系统改装好。尽管如此，八位美国海军学院的专家登上了A Whale号油轮，不受限制地收集了世界上最大的有涂层油轮的除油原理的信息。只有用有涂层的油轮才能除油 。正常的超大型油轮（VLCC）没有涂层，因此在除油后，该船将不再适合运输油类。这就是为什么我设计的世界上最大的除油船是一个划时代的发明。

图 4.1 完全涂层的油轮——A Whale号油轮

虽然我已经提交了A Whale号油轮的专利，但我决定让全世界都可以在将来的石油泄漏事件中使用该专利技术。之后在2015年，美国政府和美国海运局运用了我们的技术，悄然建造了两艘用于处理漏油事故、可以除油的阿芙拉极限型油轮（Aframax tanker），使他们在A Whale号上获得的技术与美国漏油事故应急方案相匹配。

2010年6月20日，我在登上A Whale号油轮的驾驶甲板时，收到了办公室给我的电话，告诉我兆丰国际商业银行的代表拜访了TMT的台北办事处，并会见了TMT集团的财务总监洪国琳先生。兆丰银行国际部副部长张定华以及两位年轻的中国信托商业银行（Chinatrust）代表有意向与TMT建立财务关系。

在我们看来，苏信吉先生是台湾的闪亮之星。我们非常乐意给他贷款。"

"这是个好消息。" 我从A Whale号的卫星电话回答道。

我告诉我的办公室把相关文件准备妥当，为A Whale号的姐妹船C Whale号借贷8400万美元。我们刚刚为A Duckling号的船公司完成了2500万美元的贷款手续，那是一艘刚服役了9年的好望角型散货船（巴拿马公司）——一艘挂有巴拿马旗的船。该船的贷款交易刚于2010年4月完成，兆丰银行经过了短短三周谈判后便跟我们签署了合同。而兆丰银行和中信银行对C Whale号的联合贷款（又称 "银团贷款"）则于两个月后才开始。

在此有必要向读者解释，每艘船都有自己的船公司，换句话说，就是每艘船都在该船的注册地有一家为之设立的公司。这是一项出于行政管理目的的、标准的海事程序，便于在船舶注册地而不是在船东所在地或者船舶运营地管理船舶的公司税和其他海事法规。因此，A Duckling号有相应的A Duckling号船公司；C Whale号亦将有相应的C Whale号船公司。换句话说，船舶将自己负责支付留置权或抵押。当船东用船舶抵押担保其他船舶时，应保证付款的是船舶本身，而不是船东。

2010年，兆丰银行当时是台湾最大的银行，其20％的股份为台湾政府所有，另有20％的股份为中信银行（由辜濂松家族控制）所有，剩余的60％为公有。2010年8月我自美回台并在台北拜访兆丰银行的时候，银行代表们热烈欢迎了我，并盛赞我是台湾的英雄。他们表示全力支持我的生意，并希望为我的Whale号系列船舶提供融资，使TMT成为本地区的头号船队。中国信托银行在提供条款方面非常积极，没有执行相关的客户背景调查。他们有五个条件：

1.用现金提前支付整个贷款的7％。

2. 我的个人保证。

3. 提交一张公司台币本票。

4. 贷款人为在巴拿马、马绍尔群岛和利比里亚的每艘船的船公司。

5. TMT的公司担保。

然后，银行才会以有利条款满足TMT未来的融资要求。这与西方金融市场的操作完全不同——西方银行刚刚经历了2007年至2009年的金融危机，信贷紧缩正在进行中。

中信银行制定了一份Whale号轮联合贷款的招股说明书，涉及到我独特的设计，包括：

1. 在甲板下建造油管，用于装载和卸载——而在标准船上，它们都暴露在甲板上。

2. 混合动力推进——虽然未被批准，但已内置。

3. 混合排放泵——虽然未被批准，但已内置。

银行对联合贷款（由数个贷方提供的贷款）的要求可能是在台湾总统马英九的妻子周美青夫人的命令下而做出的。后来，我听到一些银行董事长提到她的绰号"大姐"，类似于英文里的"Big Mama"。

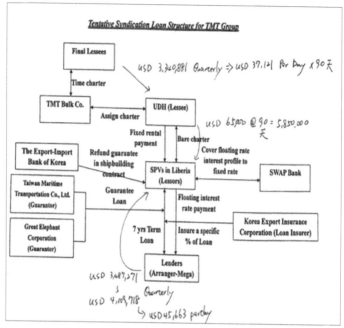

图 4.2 TMT临时联合贷款结构示意图

　　然而，贷款文件既没有包含担保物的描述，包括常见的船舶明细，也没有包含适当的质押文件，而只有公司财务文件，就好像它是一笔公司贷款一样。企业融资与正常的船舶融资完全不同。万一违约，这将导致TMT集团成为违约目标——巴拿马公司的目标。换句话说，在巴拿马注册的船公司可以将责任转嫁给台湾TMT。具有公司担保的违约也可以让贷款人在创建子公司时为所欲为。股份可以被出售给巴拿马各方——银行可以接管TMT及其在巴拿马公司的担保人；甚至它愿意的话，可以更换主席和董事，甚至可以利用公司章程而开设账户。

　　最可疑的是，"Ding ＆ Ding"的名字出现在A Duckling号贷款文件的第一页。Ding ＆ Ding是一家中文名为"联鼎"的法律事务所。与位于敦化北路台塑集团总部的理律法律事务所（Lee ＆ Li）不同，联鼎主要处理马英九总统及其家族王朝的大部分法律案件，之后，香港的孖士打律师行（Mayer Brown JSM，前身Johnson Stokes & Master LLP）提交的对A Duckling号贷款文件的分析指出这些文件不是正常的船舶融资文件。这些应该是专业的公司贷款文件，已经超出联鼎的正常职责范围（仅供参考：他们的电子邮件地址是dinganddding@gmail.com，这看起来很奇怪，因为一家"主流"法律公司竟然用Gmail地址？）。我们相信这是一笔以价值4000万美元的船舶为担保的2500万美元的贷款——事实上，它的存在旨在触发违约条款并启动公司章程。

此处稍为复杂——在2008年，TMT将一艘名为A Duckling号、船籍为巴拿马的好望角型船出售给了星散海运公司（Star Bulk Carriers；纳斯达克SBLK）。当时，帕帕斯（Petros Pappas）和我都是星散海运的联合主席。该船是作为一艘只受帕帕斯控制的船舶（以Vinyl Corporation作为中介）被售的。在2009年，TMT购买了一艘船龄更短的好望角型船，同样将之命名为A Duckling号，并使用了相同的A Duckling号船公司。在我离开星散海运的董事会后，前A Duckling号轮被卖给了一家帕帕斯私人拥有的公司，并且由巴拿马的基哈诺法律事务所（Quijano＆Associates）还有其他公司处理了这笔颇为神秘的交易。

A Duckling号轮融资得到的2500万美元给了巴拿马TMT股份公司——因此，兆丰银行知道巴拿马TMT的存在，他们可以利用美亚博法律事务所（Mayer Brown LLP）将巴拿马TMT设为二级债权人，而将巴拿马丑小鸭公司（Ugly Duckling Panama）（我们把股份给了兆丰银行）设为英国担保人。考虑到兆丰银行在巴拿马拥有巨大的影响力和自由度——台湾与巴拿马保持着良好的外交关系兼巴拿马有着兆丰银行在台湾以外的最大海外银行业务——兆丰银行的律师和帕帕斯的律师极有可能在巴拿马登记处互相勾结，找出如何删除前A Duckling号轮的船名、并让新船使用同一名字的方法。当第一笔A Duckling号轮的贷款以2500万美元注册时，兆丰银行和帕帕斯之间必定已通过律师直接或间接地进行过反复沟通。

让我解释一下：两艘Ａ　Duckling号轮是兆丰银行与帕帕斯建立联系的纽带。　TMT于2008年将造于1991年的前Ａ　Duckling号轮售予了星散海运。几年后，帕帕斯重新将之命名，并将之出售给其子公司，但保留了其巴拿马船籍。　Ａ　Duckling号轮的交易涉及到Ａ　Duckling号船公司，TMT在2009年购买新船时保留了该公司。新船随后在此公司下被赋予相配的名字"ＡDuckling号"　　　　。当帕帕斯试图删除旧船的曾用名"Ａ　Duckling号"　时，巴拿马的一些律师必须联系ＡDuckling号船公司——但是，Ａ　Duckling号公司的全部股份已根据贷款条款抵押给了兆丰银行。这听起来真令人费解，不是吗？但是，这对于熟知海事融资和程序的人来说只是非常标准的东西。

因此，我们因在巴拿马和伦敦开了很多公司账户而在与兆丰银行的合作中出于劣势。我的问题是，ＡDuckling号船公司的股票、注册登记以及丑小鸭公司的公司章程到底发生了什么？他们是否与巴拿马的律师有关？一定有人知道。

虽然我不知道帕帕斯和兆丰银行之间所有的联系和勾结，但我知道当时有很多法律事务所都有参与其中。除了基哈诺以外，白羊座法律事务所（AriesLaw），摩根摩根法律事务所（Morgan＆Morgan　PA），巴拿马运河的律师们还有其他很多人都以这种或那种方式牵涉其中。

还有一件奇怪的事发生在我的Ｃ　Whale号轮上。正如我所说，当我在马康多时，这艘船（建造费用为1.55亿美元）签订了由兆丰银行和中国信托银行安排的8,400万美元贷款文件。　兆丰银行的张定华和两位中国信托银行代表撰写了招股说明书，其中包括甲板下管道，他们知道这是一笔非常好的投资。然而，两个星期后，当我还在A Whale号轮上忙着除油的时候，这些银行要求我提交一些相当可疑的额外文件。我收到了我的财务总监洪国琳先生的电话；我别无选择，只能接受贷款协议的附录　——假如我在台湾的话，我可能不会同意。事实是，从未讨论过的奇怪的附加文件被插入到衍生协议中，而这些衍生协议从未得到过双方的同意写进合同中。合同增加了三页，允许七家银行能够进行衍生品交易。这难道不是证明了，在安排TMT C Whale号贷款的短短几天前，兆丰银行运用了来自"中国投资基金"（亦即所谓的"国民党控股集团"）的资金吗？

反正对我来说，这已证明了这笔贷款的目的是把"中国投资基金"的资金从台湾转移到海外。他们极有可能利用我司的贷款，在无人知晓的情况下，将现金从台湾转移出去。

为什么是"中国投资基金"？

因为"中国投资基金"中的"中国"是指中华民国，这是国民党对台湾的官方称谓；也因为它控制着国民党的所有现金和投资——就像旧时以中国皇帝为首的封建制度，该基金在以下的三个层面上起着作用：

a）王侯贵族：国民党的精英们

b）大臣：那些支持王侯以换取特权的人

c）奴隶：通过工作来生产财富的普通劳动力

财富以税收的形式流向王侯贵族，其中一些财富作为控制奴隶的奖励给予大臣，而奴隶是靠努力工作创造财富的普通劳动力。这是一个在中国已经运作了5000年并且今天仍在运作的简单公式。

所以，你能看到可能正在发生的事情——如果兆丰银行贷给TMT用于建造或购买船舶的资金，实际上属于台湾国民党的话，当这笔钱连本带利还清时，或者通过迫使TMT违约并出售其船只以获取还款时，这笔钱并不会返回台湾，而是会流到境外的中国投资基金（国民党）的存款账户。这实质上就是洗钱。很可能国民党就是这样在没有人怀疑的情况下，将其通过不当手段获得的资产液化并通过TMT"运"出台湾。

图 4.3帕帕斯

第五章

"大姐"的"看不见的手"

在台湾共有46家受财政部承认的持牌银行，其中超过20家银行有银团金融，几乎占全部台湾银行的一半。他们严格遵守财政部所谓的"指导方针"，CEO的提名是其中一项。马英九总统和第一夫人周美青夫人（又名"大姐"）拥有这些银行CEO的任免决定权。因此，显而易见地，"大姐"的"看不见的手"或通过财政部的指导方针，又或通过秘而不宣的商业惯例和行业文化左右着这些银行的最高管理层的决策。银行业受到政府的严格监管，其CEO的提名必须得到政府的许可，因此政府牢牢控制着这些银行的CEO。事实上，监管机构的办公室就在高雄、台中和其他主要城市的银行旁边——因此，这是一个"旋转门"机制。从高雄银行到台中商业银行，被政府控制的小型银行一直都采用银团贷款的方式来分散风险。

正如我说过的，二十多家银行对A Duckling号船发起了银团贷款。从今天看，整个TMT船舶融资过程都明显有些奇怪。所有文件的初衷都是为了A Duckling号巴拿马公司的融资，除了2011年底签署并提取了借款的A Whale号贷款文件以及2010年底签署并提取了借款的B Whale号贷款文件。相关的律师们都联合起来了，就像银团联合一样——美亚博法律事务所（Mayer Brown LLP）、孖士打律师行（Johnson Stokes & Master LLP）、联鼎法律事务所和万国法律事务所等——相关的律师都涉及了同一个贷款流程。而通常情况下，只会有一家法律事务所负责整个贷款；但在TMT案件中，兆丰银行却要求多家银行共同参与。高度可疑——我的意思是，如果没有相关服务行业（如会计师和律师）的协同合作，银行内部将无法出现这样的密谋，不是吗？

"大姐"周美青夫人在金融世界呼风唤雨。她推荐、提名并更换了许多银行的负责人，其中一位是蔡友才。蔡友才从2006年起担任兆丰银行副总裁，促成了兆丰银行与交通银行合并成兆丰国际商业银行的合并案。他曾多次造访纽约，或独自一人，或与周美青夫人一起，完成了兆丰纽约分行最后的设立工作。该分行的地址与中央银行的地址相同。布什政府甚至向多家台湾银行，包括兆丰银行、中信银行、上海商业储蓄银行和国泰世华银行颁发了一个名为K条例（Regulation K）的特别许可证，为从事国际交易的银行控股公司提供了指导方针。

2010年8月，我从BP墨西哥湾深水地平线漏油事件回来后，兆丰银行的张定华将我介绍给了蔡友才。由于他兢兢业业，忠于国民党王朝，蔡友才在2010年4月，也就是TMT与兆丰银行正在进行关于A Duckling号的第一笔交易的时候，成为了兆丰银行的董事长。我们都是高尔夫球的爱好者。这是巧合吗？我想不是，他们显然很熟悉我；我相信他们可以凭此利用我。当蔡友才造访我的办公室、并被我带着参观了大概三十分钟的时候，他说："信吉，你打高尔夫球吗？"

"当然打。"

在台湾，我喜欢打高尔夫球不是什么秘密。几天后，他邀请我到他在兆丰银行的办公室。再次见到他的时候，他的态度很友善，我们在友好的气氛中讨论了银行的运作方式。

"你从银行借钱，银行收取利息。你支付银行的利润差额加上双方事先同意的利息，然后我们把钱借给你，为你的船舶融资，你想要多少就有多少，就这么简单。"

他的敏捷才思和个人魅力都使我深深折服。之后我们一直保持着密切联系——如果我有任何问题，我甚至可以在极短时间内在他的董事长办公室跟他见面。

在兆丰银行里，无人不知我们俩的关系很好。我曾邀请他和他的妻子参加Whale号油轮的命名仪式，他当时甚至还发表了演讲。他的得力助手陈女士也被多次邀请参观韩国蔚山的现代重工。　蔡友才和我在两年的时间里打了80多次高尔夫球，我还个人辅导他的高尔夫球，教他一些窍门和技巧。我对他那与商业文化不符的做法很是好奇。在国际会议和晚宴上，很多银行的总经理和分行经理都会试图获得贷款的预先批准。他却从来不愿意参与这种心照不宣的行业文化，因此我想知道他究竟有多大的权力。

终于有一天，我问他为什么他不发起与其他银行的合并，创建一个真正的全球性机构，大到足以与华尔街或伦敦金融城抗衡。他告诉我这是周美青夫人和政府的决定，而不是他的。

"我的薪水很低，信吉，我并不想这样做。"

我对他言不由衷的自谦感到惊讶。

"我在南方的一个小镇长大。现在的成就对我来说已经足够了。"

他的微笑中有一丝愤世嫉俗。

他讽刺般的自嘲无损我对他成就的尊重。尽管台湾的国内生产总值跻身世界前二十位，但是因为台湾与许多国家都没有建立官方的外交关系，它的全球银行网络非常脆弱。　新台币兑换成美元，欧元，日元，英镑等均需要技巧和外交手段，因为许多银行都需要一层政治关系的保护，但恰恰他们都缺乏。如同在国际金融丛林中纯熟地走钢丝，蔡友才成功让兆丰银行纽约分行被批准成为清算美元的中介银行，并可以在其旗下开设投资银行。对于"在南方的一个小镇长大"的人来说，这个成就不可谓至不大。

图 5.1蔡友才（照片来源:《自由时报》）

　　除了任命银行CEO之外，"大姐"周美青夫人还有为家人争权的能力。　　2012年，她的长女马唯中与美籍台湾时装模特儿蔡沛然结婚。蔡沛然除了是一名时装模特儿之外，还在银行界拥有广泛的人脉。从2006年到2008年，他在香港德意志银行的睿富房地产基金（RREEF）工作，共事的年轻银行家包括投资公司SC洛伊（SC Lowy）的李素天（Soo Cheon Lee）等。与马唯中结婚后，蔡沛然供职于香港摩根大通银行，并参与了很多重大的金融交易。据说他甚至不需要到摩根大通上班——他被允许 "在家办公"。在香港，企业公司聘请中国大陆和台湾的高级官员的子女在大中华地区开展业务已是司空见惯。这是摩根大通于2016年夏因违反海外资产控制办公室（OFAC）相关规定而被罚款2.64亿美元的原因之一。

　　我们稍后会详细介绍此事。

　　辜氏家族拥有的中国信托银行案更为明目张胆。拥有兆丰银行20%股份的中国信托银行前董事长辜濂松自日本殖民时代以来便一直与台湾政界人士有着紧密的联系。他的儿子辜仲谅对台湾经济有举足轻重的影响力——他先是以极低的价格收购了国家开发银行，再从纽约的一家对冲基金公司手中收购了东京之星（日本）银行，然后购买了与交通银行合并后的兆丰国际18％的股份及一家证券公司，并成立包括凯基银行（KGI Bank）在内的凯基集团（KGI Group）（辜氏集团）。 辜氏集团是一个涉及广泛行业的泛亚商业集团，包括银行业、制造业、石化、电子业、租赁业、水泥业、金融服务业、酒店业、房地产业、私募股权和投资银行业。报道内幕交易是台湾新闻业的禁忌，因为他们为之工作的媒体巨头也是这个一个圈子的一部分。如果人们开始深究一些不同寻常的问题，许多丑闻可能就会曝光，正如打开了潘多拉魔盒一样。

有人会反驳说，只有获得了政界人士的允许和参与，企业才能有可能在像台湾这样的小岛上进行友好互利的商业活动。也许蔡友才也明白为了达成交易，他别无选择，只能对"大姐"周美青夫人那"看不见的手"妥协。中肯地说，类似的裙带关系事件不仅在台湾有，而且在全世界范围内也普遍存在——就金融财政而言，这是极不健康的。

TMT的抵押贷款最初是100%来自中国信托和兆丰国际商业银行这两家银行。然后，在提取借款的短短两周内，此笔贷款在没有知会TMT的情况下被分成了数个联合贷款。牵涉在内的其他银行分别有第一银行、上海商业储蓄银行、永丰银行、国泰世华银行和其他几家被政府控制的银行。这本身就非常可疑——两家主要银行的贷款最后由数个被 "中国投资基金" 控制的小型银行所拥有；而正如我所说的， "中国投资基金" 只是我对国民党资产的总称。

我坚信， "大姐"那"看不见的手"由始至终都参与了TMT集团的船舶融资计划——从一开始，也就是当我在A Whale号的驾驶甲板上第一次接到他们电话并被告知他们愿意提供融资来扩大我的业务的时候。要了解一家公司在国内和全球航运业的情况、经历和业务网并不难。该计划的最后一步于2011年底实施，那就是国泰世华银行为A Ladybug号轮——世界上最大和最快的汽车滚装船——提供融资。极有可能的是，"大姐"已经向她的银行CEO们下达命令，要贷款给TMT的某些特定船舶，而当时这些船舶还在韩国现代重工业公司这个全世界最大的造船厂里。

请您不妨思考一下：这是一种独特的洗钱方式——事实上，比起还款，违约是"中国投资基金"将其资金安全地转移出台湾的更快捷的方式。为此，他们需要采取六项重要行动：

1）创建严格的违约条款（无任何缓冲时间的"突然死亡"），以便在发生违约时可以控制贷款。

2）要求借款人在提取借款前自己支付现金到保留账户。这意味着可以设立一个基金来接收其他来源的资金，或者该基金可以被用作银行自己的资金，通过信贷创造系统进行借贷。所以，整个贷款不会使用银行自己的资产负债表。考虑到相关政党的权力，这是完全有可能的。

3）不要将借款人保留账户的日结单和月结单通知给借款人，使得借款人认为这是一笔以质押形式存在的不能动用的现金存款。这笔钱不需要支付利息，也不需要给审计师或借款人提供财务报表；尽管出现在借款人的账户里，但是它很容易地就可以被银行当成是自己的资金来运作。

4）确保用于建造新船的贷款期限为七年而非十五年，因此违约的可能性非常高。

5）依照这种架构，银行将使用借款人的资产负债表，而不是自己的资产负债表。

6）银行贷款时不作客户背景调查。确保多家银行参与到此银团贷款业务中来——将其传递到台湾银行体系的各个环节，以便通过各种渠道转移资金。

主要几家台湾银行很快就参与到TMT集团16艘船的银团贷款中来。

例如，上海商业储蓄银行在20世纪40年代跟随国民党到台湾，尽管它在上海已经建立了九十年。该银行从未做过客户背景调查，但它向TMT提供了5,000万美元贷款，用于三艘小型散货船和一艘名为B Max号的巴拿马极限型船，这是一艘能够通过巴拿马运河船闸室的中型货船。 TMT在世界上共建造了9艘最大的巴拿马极限型船舶。该银行参与了许多船舶贷款，从来没有做过任何的客户背景调查，也从来没有设立过可以偿还12至15年的正常航运融资款的现金流模式。

另一个例子是永丰银行，该银行于2011年12月31日，也就是该银行的财政年度结束的最后一天，与TMT签署了一份9000万美元的贷款合同，这笔贷款是100%独家银行的贷款。奇怪的是，他们要求运营公司（蓝鲸公司）在中国银行香港分行而不是台湾分行开户。原理是这样的：如果银行在台湾开立账户并从事贷款活动，然后要求贷款者还款到香港账户，这样理论上就可以把钱从台湾转移到香港。永丰银行与当时台湾的副总统兼坐国民党第二把交椅的连战关系密切。

同样的事情也发生在一笔第一银行的贷款上——第一银行是排在台湾银行之后的第二大国有银行。这笔贷款同样也在财年结束时完行，并由联鼎法律事务所创建相关贷款文件。

由于最大的二十家银行之CEO的提名必须得到国民党的首肯，周美青夫人在金融世界能呼风唤雨、一手遮天并不奇怪。CEO们很可能是通过股权制度和监管"旋转门制度"被她牢牢控制住的——又是封建制度。蔡友才只是其中一个傀儡。他在2006年担任兆丰银行的副总裁，而在2011年就被擢升为董事长。这是出于对他"工作卖力"的赞赏——是否其中一部分"工作"是跟我一起打高尔夫球并让我陷入一种虚假的轻信感呢？

周美青夫人及密友的贷款日程

2010年：12月29日在台湾结束——永丰银行100%——要求在第一个提款日开设香港账户。

2011年：12月29日在台湾结束□——第一银行100%——必须在年底前结束——需要股本。

2012年：第三季度——7月1日——为2011年无担保贷款要求其他的担保。

2012年：第四季度——中信银行和兆丰银行的金额2.5亿美元的银团贷款给予了麦格理银行。

2012年：11月22日——麦格理银行用中信银行和兆丰银行提供的资金购买了A LADYBUG号的贷款，其被批准的授权书是从悉尼发出的。

2013年：2月——在兆丰银行敦南分行办公室再融资——孖士打律师行将增编翻译成英文，但初稿只在孖士打手上。他们对B WHALE号贷款使用了相同的伎俩：只有律师的名字，但没有提供最终文件。

图 5.2周美青夫人

第六章

X计划：执行开始

2012年的总统选举是国民党的最后一次狂欢。马英九仅以51.60％的选票惊险获胜，国民党前途暗淡。来自中国大陆的移民选民逐渐老去离世，而已经深知社会财富分配不公的台湾年轻人将投票反对国民党。许多台湾人选择回中国，比如上海（今天上海有超过一百万的台湾人）；在2007-2009年金融危机之后通过世界各地年轻一代传播的民粹主义也影响了台湾。国民党注定会在2016年大选中失败，这个失败不仅是马总统和周美青夫人的失败，而且是作为议会党的国民党的失败。

国民党即将失去执政党的地位。

马总统及其夫人"大姐"周美青还有其他国民党内部高层对此事的担忧一定造成了人心惶惶。他们下一步要怎么走？他们将如何保护自己的财富？一旦民进党再次当权，他们一定会尽全力找寻国民党在多年执政期间积累的不当党产。国民党在民进党候选人第一次当选总统时因为仍占议会多数席位而受到了保护，但在2016年之后，情况即将改变。正如我所说，遮盖不当党产的手段始于资产剥离。国民党将国民党总部半价售予长荣海运集团就是一个例证。以低于价值的价格出售这些资产是一回事，但这笔钱仍然需要被洗白。

长荣、万海、阳明、裕民、台湾航业、达和和丰业等航运公司都是兆丰银行的客户。周美青夫人不难通过她对台湾所有律师的了解和她作为兆丰银行前法务处处长的经验来策划国民党王朝在金融财政上的大逃亡。

这就是X计划。

自从我2010年第一次造访兆丰银行董事长蔡友才的办公室以来，我一直跟他打高尔夫球并相处甚欢。2011年和2012年，他曾两度邀请我跟他一起观看女子职业高尔夫球协会（LPGA）在台湾的比赛。两年内我们一起打了超过80次的高尔夫球，还坐私人飞机到马来西亚的亚庇，在丝绸港湾高尔夫球乡村俱乐部（Sutera Harbour Golf & country Club）与兆丰银行前总裁林宗勇一起打了18洞。

以下关于TMT无担保贷款是如何被兆丰银行操纵的描述将会非常复杂且难以理解，但我会尽我所能向读者们解释清楚。 2012年，蔡友才邀请我造访他位于吉林路的兆丰银行办公室。这次会议在友好的气氛中进行，他告诉我他准备给我一笔有180天循环信用证的无担保贷款来帮助我购买一艘供油船以便为我的船舶提供燃料。我觉得这笔6亿新台币的贷款是他基于我们两年的友谊而给我的好处，当然也有我还款情况良好的缘故：我同时在偿还之前的原始贷款，已经还了30%，没有任何拖欠。这听起来像是天上掉下来的馅饼：用一个价值2500万美元的大礼来巩固我们的关系，只要我愿意的话。

几个月后，这笔金额已经用完，蔡友才在原有的2500万美元贷款之上再次批准了1500万美元的增加贷款，使贷款总额达到4000万美元。协议文件由兆丰银行的敦南分行准备，而蔡友才妻子的高尔夫球友、总经理助理陈世明向TMT提供了许多服务，包括一个免费的保险箱，虽然那并不在我的要求之内。

2010年英国石油公司马康多油井除油事件发生后，TMT船队被列入众多公司的黑名单，包括石油市场巨头埃克森美孚、壳牌、英国石油和道达尔，以及铁矿石公司市场巨头必和必拓，力拓和淡水河谷。TMT必须每天偿还贷款40,000美元，但其船队则由于商业巨头们的抵制而闲置运力，每天收入低于10,000美元。除此之外，因为星散海运案中海洋散货船运公司

（Ocean Bulk）与 TMT之间涉及Vinyl Corporation的官司，希腊船运巨头帕帕斯对TMT南非公司实行"刺破公司面纱"（又称"否认公司人格"，指在某些情形下，为保护公司之债权人可揭开公司之面纱，否定股东与公司分别独立之人格，令股东直接负责清偿公司债务）。这一点我已在前文提过。然后他开始在世界各地扣押TMT的船舶。几位希腊船东和英国海事律师也继续向TMT提出诉讼。

2008年，数艘TMT的船舶被扣押；自那时起，TMT其他的船舶陆续被国泰世华银行在英国律师乔治·帕纳戈波斯（George　Panagopoulos）的协助之下，为另一位希腊船东伊万基罗斯·玛瑞纳克斯（Evangelos Marinakis）的资本海运贸易公司（Capital Maritime&Trading　Corp.）扣押。资本海运贸易公司是里德史密斯法律事务所（Reed　Smith　LLP）的客户。

C Ladybug号轮被活跃油轮公司（Active Tankers）扣押了。尽管纠纷金额仅为25万美元，但这艘2004年从玛瑞纳克斯处购买的价值100万美元的船舶还是被伦敦仲裁院出售了。仲裁持续了八年，让好几个海事律师赚了大钱。仲裁开始时，TMT忙于其他案件，并没有支付诉讼费用。精明的里德史密斯法律事务所的帕纳戈波斯以此为借口让玛瑞纳克斯扣押了C Ladybug号。作为一项海事诉讼，这是不可接受的，TMT正准备在将来采取行动起诉玛瑞纳克斯及其法律代表。由于没有支付法律费用，C　Ladybug号轮于2012年2月在安特卫普被扣押了。然而涉案的法律费用是在玛瑞纳克斯还是船东时出售船只所产生的，与TMT无关。那笔法律费用甚至还有三个月才到期。此外，法律费用不是船舶优先权（maritime　lien）之一（船舶优先权，又称海上留置权、优先抵押权，是指特定海事债权人依法享有的、当债务人不履行或不能履行债务时，以船舶为标的的对担保物优先受偿的权利）。所以，律师费不能成为扣船的合法理由，但却在安特卫普的英国法庭上实实在在地发生了。

最重要的是，国泰世华银行要求TMT支付7000万美元，这个金额远高于实际未偿还的债务。 玛瑞纳克斯的律师帕纳戈波斯和一位与他共事的不知名的英国律师肯定秘密沟通过。这是我将来需要揭露的另一个谜团。

我还被牵涉进了一起与万泰深海钻油公司（Vantage Drilling Corporation）的诉讼里——它如今叫万泰国际钻油公司（Vantage Drilling International）——这导致E Whale号轮被新利德控股有限公司（NewLead Holdings Ltd）扣押给了另一位希腊船东迈克尔·佐洛塔斯（Michael Zolotas）（希腊人与我八字不合），我则因在英国法庭上缺席而被判处18个月监禁。我雇了一个英国御用大律师（Queen's Counsel）来纠正英国法院犯的错误。他说，如果我出席法庭聆讯并道歉，他们会将减刑到零；但如果我不道歉，那么法庭会坚持六个月监禁的判决，因为第一次聆讯举行时我没有派我的律师出席。在我看来，这个判决是一个笑话，因为它依照的是18世纪英国入侵南海某个岛屿时的先例。据记载，该岛的首领因为没有请一个御用大律师出席法庭聆讯而被视为藐视英国法律制度，因此该岛被英国没收充公。我不确定自那以后还有没有其他类似的情况发生。起码同样情况在任何其他地方都没有发生过，甚至在2008年金融危机之后美国前财政部长提摩西·盖特纳在美国缺席法庭时也没有发生过。

我没有入狱。2013年2月，TMT在苏黎世机场与新利德和解了纠纷，当时我、船东佐洛塔斯、律师帕纳戈波斯和TMT当时的财务顾问亚伦·当纳利（Alan Donnelly）都在场。后来，在2015年，佐洛塔斯欺骗了公众投资者。我发现他在一桩巴林的交易中开了一家假公司，最终被关进了塞浦路斯的监狱。 E Whale号的扣押旨在防止TMT发现他的资金流动。真是报应不爽。 2009年，佐洛塔斯在陷入困境时向一家名为白羊座海事运输有限公司（Aries Maritime Transport Ltd.）的上市公司出售了四艘船。他没有更改账户，并继续向TMT要求把高额费用存进他的私人账户。到目前为止，由于我太忙了，暂时没有向他提起刑事诉讼。

在2012年的夏天，蔡友才告诉我兆丰银行将有一个来自纽约的新负责人，我们可以重组问题贷款。2012年7月，他请我到台北兆丰银行总部来跟他会谈。与会者包括蔡友才、他的秘书陈世明、TMT的财务总监洪国琳先生和我。在会议期间，尽管TMT的信用额降至刚过4000万美元，但他还是有点担心地建议我拿出一些抵押来减少4500万美元的无担保贷款的曝险。我当时不太确定这是什么意思，可是因为我们在过去的两年中已经建立了信任，于是我告诉他我没有一艘船的价值恰好符合这个金额，但我可以给他当时价值近1亿美元的A Ladybug号轮作为抵押品。他骇笑了起来——他当时心里一定在说："这个人好蠢"！ TMT的财务总监洪国琳提醒我，此举意味着在没有收到任何资金的情况下提供担保，而这笔资金是将近6000万美元的现金。我回答说，没关系，因为蔡友才告诉我这对我的公司有帮助，我们又是好朋友。

现代重工（HHI）同意免抵押贷款交付A Ladybug号轮，TMT也同意了我的决定，将该船作为之前那笔4000万美元无担保贷款的担保品。该交易是在兆丰国际商业银行敦南分行完成的。这是很常见的做法，因为许多台湾银行通过分行而不是总行提供贷款。那时，我还不知道他们会用A Ladybug号巴拿马旗舰作为一个骗局的工具。

我们与现代重工的订单是正在建造中的总价值为26亿美元的32艘船，A Ladybug号也在其中。 而蔡友才之前从未为在建的其他船舶提供资金，甚至连提及它们也没有，更丝毫没有表现出任何兴趣。如果我有仔细想，我会意识到某些奇怪的事情——他从未问过我关于TMT业务的事情；他从未问及TMT如何为在韩国现代重工建造的其他船舶融资；他也从未问及《贸易风（TradeWinds）》和路透社（Reuters）等新闻媒体关于TMT诉讼的报道。他对这一切都不感兴趣。当然，我当时并不知道这个计划可能已经开始了，给TMT的贷款可能来自"中国投资基金"和国民党，而这一切要在好几年之后才会曝光。

在2012年9月的一次高尔夫球切磋时，蔡友才告诉我他将重组兆丰银行。国际部负责人张定华将被新任副总经理替代，而我的账户将由一名来自海外的新代理人负责。我当时只是聆听，然后继续打球。该银行在2013年初完成了重组，并且我的新代理人是一位名为邢献慈（Priscilla Hsing）的女律师。她似乎在国际交易方面非常有经验，我没有对此深思过。

考虑到石油和矿石市场巨头们对TMT的抵制以及与希腊船东们的纠纷，TMT决定聘请艾睿铂（AlixPartners）投资咨询公司，专门负责企业重组管理，或称企业复兴。他们是亚伦·当纳利推荐的，当纳利在伦敦经营着一家名为主权策略（Sovereign Strategy）的咨询公司。他说，艾睿铂以重组通用汽车和其他知名公司而闻名，他们可以帮助TMT解决问题。我前往艾睿铂的纽约办事处，与他们的顾问丽莎·多诺霍（Lisa Donahue）和艾斯本·克里斯坦森（Esben Christensen）进行了长达八个小时的会议，向他们解释了TMT的业务。　多诺霍向我推荐了她认识的一个航运业专家，伦敦的阿尔伯特·斯坦因（Albert Stein），他与德克萨斯州休斯敦的布雷斯韦尔与朱利安尼法律事务所（Bracewell&Giuliana LLP）有业务联系。　2月底，艾睿铂准备好了早期的重组计划，随后斯坦因飞往台北并在3月将之提交给银行。我由于错过了航班而晚到了一天。

TMT的舰队是一支由16艘船组成的现代化船队，平均船龄为两年。考虑到我与兆丰银行领导阶层良好的职业关系和私人关系，我相信贷款重组应该不太困难。我没有想到的是，蔡友才一边与我切磋高尔夫球技，一边在我背后捅刀以夺取TMT的资产。

艾睿铂提交的计划遭到了银行的联合抵制。当我在第二天抵达时，我从洪国琳先生处听到了这个消息。我立即跟斯坦因一起去到兆丰银行总部，在那里我们见到了该银行国际部的副高级总裁邢献慈。尽管之前蔡友才曾向我提到过此人，但当时是我第一次跟她见面。她笑着欢迎我们进来，听了我们要说的话，但极少回答。很明显，她并没有把我们当回事，尽管她一直保持微笑。45分钟的会议后，当我们回到车上时，斯坦因告诉我，这些台湾银行看起来好像对重组我的债务没有兴趣，也不愿意和我们讨论。

他预感是对的。跟兆丰银行见面结束后，我们又去了中信银行的敦南办事处，与那两位之前为TMT的C Whale号联合贷款撰写了招股说明书的精明银行家见面。他们气势汹汹，不愿合作，似乎搞不清状况却又要跟我们对着干，因此会议只持续了几分钟。我们下午去国泰世华银行的时候也发生了同样的事情——他们不想和我们谈判。这看起来就好像有人从上层下达命令给这些银行家一样。在台湾的银行体系里，领导决定一切。如果他们拒绝和我们合作的话，一切都是徒劳的。没有重组，也没有兴趣。银行所承诺的什么与企业"同舟共济，风雨同路"都是谎言。这就是真相。

但为什么呢？

因为2013年3月8日在兆丰银行总部三楼举行的秘密会议上，兆丰银行、第一商业银行和中信银行已决定采取法律行动出售TMT的船舶。事实上，我相信兆丰银行和中信银行已经接触过几位潜在买家。这很可能是一场银行联手以TMT表现不良为藉口来出售其资产的行动。我们是如何发现的呢？这次秘密会议的细节出现在2015年在南非发布的一份帕帕斯E Whale号轮披露的资料里。它清楚地表明了兆丰银行和帕帕斯已经相互勾结了一段时间，它迫使TMT接受新的担保贷款，不费分文就得到了A Ladybug号轮。这一信息在我根据美国《破产法》第11章申请破产后并未向休斯敦的法庭披露。我相信台湾银行向法院提交了伪造的文件并将披露降低至最低程度，这等同于藐视美国的法律制度。

关于破产重组我之后会有更多的描述。

抵制艾睿铂的重组计划也证明了邢献慈有自己的打算：接手TMT资产并利用它们把国民党数十亿资金转移出国。显而易见，蔡友才了解我，知道我聘请了财务顾问。他们不能允许任何能破坏掉我称之为X计划的"王朝大逃亡"计划的机会的存在。所以这个命令下达给了蔡友才——一开始是一笔无担保贷款，然后是用A Ladybug号轮以及个人和公司担保，"担保"了这笔贷款。他们可能向蔡友才解释了他们需要如何确保非正规贷款能够被捆绑成台湾16家银行的总体银行贷款的一部分，而这些贷款没有在吉林路的银行总部而是在敦化分行登记。

　　我确信蔡友才是按指令办事，之后我再也没有见过他。

　　2013年3月14日，国泰世华银行董事长下令在比利时的安特卫普扣押了C Ladybug号轮。其他银行也纷纷效仿，中信银行甚至在参与该联合贷款的银团银行之间散播谣言，说出售TMT船舶能赚大钱。 C Handy号轮被扣押，F Elephant号轮将被必和必拓在中国大陆拍卖。他们根本不关心这个情况，因为国民党可能发布了命令，不允许任何一家银行跟我就重组进行谈判。他们必须采取一致的行动——周美青夫人要控制这些贷款，不能让TMT和艾睿铂的债务重组计划成功。

　　一切必须按照她的计划进行！

　　在2013年4月1日，邢献慈要求我出售一些资产。但我总觉得她作为兆丰银行的副总来说过分沉默。她的存在感很低，就像一只蜘蛛等待着一只毫无防备的苍蝇跌入陷阱。那天是愚人节，所以我没有把她的话当一回事。我相信银行董事长蔡友才，在过去一年里我几乎每周都跟他打高尔夫球，还认识他的妻子和儿子。此外，TMT还提供了足够的担保如A Ladybug号轮以满足兆丰银行的需求。 TMT的资产负债表也非常稳健。然后她问我是否知道某家著名的英国航运基金公司正在寻找价格便宜的优质资产来购买。我听说过那家公司，但我假装没有，因为我自己从来没有用过它。现在看来，很明显地，她当时已经有很多秘密买家企图以低廉价格购买TMT资产。

　　这表明兆丰银行已经进入了X计划的执行阶段。

　　同月的晚些时候，即4月15日，兆丰银行最终给了TMT沉重一击。该银行突然使用一张银行本票让TMT在约75分钟内还款，将原来在90天的限期内分期还款的计划作废。兆丰银行下午1点45分给我发了一封电子邮件，要求我在银行下午3点关门前支付170万美元。如果TMT未能支付，那么结果将是TMT全部未偿还贷款按违约处理。有趣的是，孖士打作为兆丰银行的律师代表发出该通知，但发给我的电子邮件却分别来自兆丰总行的李先生和敦南分行的陈女士。这很奇怪，不是吗？在那个时候根本不可能按其规定还款，所以我开始考虑按照美国《破产法》第11章走申请破产前的流程。根据该流程TMT或许能够重组其业务，卸掉债务并恢复盈利。

与此同时，我和台北TMT试图以中小企业的身份寻求政府救助，但TMT的规模使之被排除在中小企业之外，因此凭借中小企业身份重组初步方案失败了。我和洪国琳试图提出一个各方都能接受的重组计划。2013年5月，我们被邀请到兆丰银行总行，与当时的银行国际部负责人林先生会面——但奇怪的是，无论是邢献慈还是她的手下都没有参与。他要求TMT注资2000万美元以重组所有TMT在台湾银行的融资债务；这与邢献慈上个月提出的建议大致相同。我对这个被一再提起的提议感到非常奇怪，认为这违反了台湾法律，所以我没有同意。

我前往艾睿铂伦敦办事处，希望能挽救我的公司。与纽约布雷斯韦尔与朱利安尼法律事务所有合作联系的斯坦因表示，根据第11章申请破产是个好主意，他们可以在布雷斯韦尔律所的协助下以美国实体申请破产。考虑到其他办法都行不通而银行又不准备理性地听取我们的建议，这个建议颇有说服力。那一天，我在伦敦通过电话联系上了在纽约的埃文·弗莱申（Evan Flaschen），他是布雷斯韦尔与朱利安尼法律事务所介绍给我的。我决定飞去纽约见他。在会议期间，当我问谁来处理破产案时，室内一片寂静。弗莱申没有清楚地说明是他还是我处理。

2013年6月17日，当我回到TMT台北办公室时，洪国琳先生找到了我。

"邢献慈来了。"

　　I我还没有从舟车劳顿中恢复过来，但我还是同意了见她。这是我们最后一次见面。她再次要求我接受兆丰银行的条款。我什么都没说。在会议结束时，她问及TMT是否会根据《破产法》第11章申请破产。我没有说话。我清楚地记得那一刻她的脸充满了怒气。我以前从来没有见过她生气过。邢献慈最大的担忧可能是X计划不能如期进行，而我们最后一次会议激怒了她，因为我没有就是否会根据第11章申请破产发表意见。

　　根据第11章申请的破产有别于一般的破产，因为它使申请破产的公司有复活的机会。根据美国《破产法》第11章申请的破产通常被称为"破产重组"。这种重组正是TMT和艾睿铂向银行提出的方案。第11章允许债务人提出重组计划，赋予企业生机并在长期内向债权人偿还债务。它给了我希望——可是我不知道，由于空前规模的秘密协作和法院被操纵，这个希望落空了。国民党的政治触手甚至能够伸进美国的司法系统。

　　因为我拒绝了邢献慈的要求，所以越来越多的船舶在不同的司法管辖区被扣留。这就是我现在回顾这一切是所看到的——TMT船舶对运输国民党的资金和货物毫无知觉；即使TMT在申请破产重组之前，相关证据已经正在消失。

　　我希望在未来的诉讼中，这些证据都会被披露。

图 6.1a兆丰银行纽约分行-建于1902年，商会原址

图 6.1b: 兆丰银行纽约分行

第七章

纽约布雷斯韦尔与朱利安尼法律事务所的埃文·弗莱申对此案颇有信心。我们在开会期间决定拨款15,000美元设立美国TMT采购部。 弗莱申建议我们在得克萨斯州休斯敦提交第11章破产申请。

"为什么在休斯敦？"

"休斯敦法院的业务量从2008年开始下降，他们需要案件。"

另外，布雷斯韦尔的杰森·科恩（Jason Cohen）是德州南区的美国破产法官伊斯古尔（Judge Isgur）的助理。

2013年6月20日，按照弗莱申的建议，TMT采购部在休斯敦的一家法院根据第11章申请破产。无独有偶，中华民国（台湾）驻美代表金溥聪在同一天从纽约来到休斯敦。

这是巧合吗？

因为在破产重组申请提交后不久，数家台湾银行迅速地采取了非常奇怪的行动。 2013年7月7日，台湾政府下令财政部和金融监督委员会将未偿还贷款减半。一些银行对这种激烈的措施并不满意。政府这种不寻求独立第三方意见和分析来进行合理的估值并使用资产来弥补损失的做法是极其异常的。我的意思是，如果船舶被允许出航，那么它们可以赚钱——然而，政府却下达了相反的命令。A Duckling号轮的贷款最初为2500万美元，后被削减至1250万美元。正如我之前所说的，A Ladybug号轮是一艘新建的价值近1

亿美元的汽车滚装船，它4030万美元的未偿还贷款被减至2015万美元。

其实，贷款减半非常耐人寻味。我相信这样做是为了确保没有银行在TMT案件上蒙受损失——账面上，他们从之前的盈利中蒙受了损失，但实际上出借的资金几乎可以肯定是从投资方（"中国投资基金"），交给"商业方"（兆丰国际商业银行），最后借给TMT的。如果是这样的话，许多银行实际上并没有在资产负债表、财务报表和审计分析中有所亏损，只有中央银行不希望被视为参与骗局或不愿意承诺而没有在此列中。这似乎也证实了TMT贷款并非来自银行，而是从一开始便来自"中国投资基金"资金。

最大的问题是谁有权力下令将贷款减半？谁可以把这样的命令发给财政部的负责人？是周美青夫人吗？

2013年7月7日，财政部下令将TMT债务减半；巧合的是，"中国投资基金"（集体）的负责人代表财政部被任命为兆丰金控的董事。这一切都被掩盖起来：虽然在法律上兆丰金控并不附属于"中国投资基金"，但兆丰金控和"中国投资基金"有着相同的工作人员，都与国民党和财政部有关系。正如我所说，此事错综复杂，难以理解。但我决心要将真相解释清楚，会在完成这本书后写第三本书中以进一步揭秘。

然后第二件奇怪的事发生了。

巴拿马船舶登记处显示，2012年底，A Ladybug号轮的担保贷款被出售给了澳大利亚麦格理银行，但没有通知TMT，我几乎肯定这是一种犯罪行为。该登记项原需被删除，但并没有，并且有一处奇怪的安排——金额为2000万美元的二次抵押贷款的日期被倒填了。二次抵押贷款的信息在巴拿马登记处出现，相关文件被提交至破产重组法官伊斯古尔。此事非常离奇，更令人震惊的是，许多没有授权委托书的巴拿马知名法律事务所都被牵涉在内，包括基哈诺法律事务所、摩根摩根法律事务所、白羊座法律事务所和托尔托拉法律事务所（Tortora Law Firm LLC）。

让我们把话题转回到邢献慈身上——我相信她从第一天开始就知道这笔贷款是由国民党提供资金的，她的工作就是阻止我发现。她担心兆丰银行会被揭发出售A Ladybug号轮的贷款给澳大利亚麦格理银行。在邢献慈手下工作的李先生是第一个发现这些奇怪文件的人——电子邮件通知和其他文件都没有遵循任何银行的合法规定。　这些文件在2013年12月31日下午5点后由人手送递到TMT——在台湾没有签署收件人的人手交付手续不具有法律约束力，而TMT在12月31日下午5点后已经关门了。更耐人寻味的是，直到后来我才发现被牵涉在此案内的巴拿马律师们从未提交过授权委托书来更改抵押文件。还有其他一些问题在很晚之后才被发现，比如在马耳他非公开出售三艘Ladybug号船（A Ladybug号、B Ladybug号和D Ladybug号），而这些船从2014年2月开始一直被牵涉进二次抵押贷款问题中。我明白此事相当令人费解，而且还涉及到船舶和马耳他政府及法律体系，因此我将在下一本书中再详细说明，敬请关注。

但是，为了简单起见，我认为该计划分为两个阶段。

首先，将TMT船舶贷款出售给第三方，从而截断了与兆丰银行、中信银行等银行并最终与"中国投资基金"的直接联系。其次，船舶在多个国家被扣留后出售所获得的资金不会回到台湾，而会流进预先安排好的国民党海外账户里。从前文可以看出，纸质文件线索，或者在很多情况下，计算机数据线索被一次又一次刻意模糊。例如，我认为兆丰银行在2013年12月30日为了清理资产负债表而伪造了一笔转账。文件上面的签名并非由麦格理银行签署，而是通过剪切、粘贴伪造的。这引发了人们的怀疑：A Ladybug号轮被用来筹集5400万美元，它要么被作为第一抵押卖给了麦格理银行，要么成为了被纽约州金融服务局（NYDFS）调查的第一个洗钱防制案件。

我们将在后面的章节中讨论已经被曝光的兆丰银行洗钱防制案。

兆丰银行选择了位于纽约、在纽约证券交易所上市的橡树资本（Oaktree Capital Management），而不是邢献慈之前问过我的那个英国基金，来处理有关洗钱和支付台湾银行事宜。 橡树资本通过指定账户接收款项，但他们从未披露过橡树资本作为TMT贷款的买方身份。相反，他们以北美摩根大通作为买方来完成销售。这些贷款几乎是以报废价格出售的，还加上船龄两年的船舶作为额外资产——这是闻所未闻的。毫无疑问，这个计划是银行通过将贷款包装成他们想要的样子，将TMT的船舶出售给银行密切相关的业务合作伙伴。此外，我目前的法律事务所聘请的胡佛斯洛瓦切克法律事务所（Hoover Slovacek LLP）还发现了台新银行于2013年11月以极低的利率贷给了橡树资本一亿美元。

第一笔贷款已经转给了橡树资本台湾海峡控股有限公司（OCM Formosa Strait Holdings），此事已于2013年11月7日在台湾被披露。然而，按照第11章，2014年1月21日中信银行贷款被出售时，相关信息本应已被录入披露文件，但事实上却并没有。这也与代理现代重工领头的无担保债权人委员会（Unsecured Creditors Committee；简称UCC）的修华及柯塞尔法律事务所（Seward&Kissel LLP）披露的信息有关。该信息披露了购买6艘Whale号船舶的权益通过新光金控（Shin Kong Financial Holdings）的子公司在一次秘密交易中转给了台新银行。

顺便提一下，TMT的超大型油轮 B Elephant号于2013年3月22日被埃及海军扣留，据称是因为在亚历山大港对外的埃及水域损坏了水下电缆。埃及海军和电信公司向TMT索赔4,000万美元，同时扣留了船只和船员。最初有17名船员在船上，然后两名工程师被允许下船，其余人员被扣留在船上长达数月。埃及海军和电信公司要求的赔款显然过高，这又是一起有国家撑腰的针对TMT的强盗行为。

最后，加拿大的蒂凯油轮公司（Teekay Tankers）CEO彼特·埃文森（Peter Evensen）向伦敦劳埃德银行（Lloyds of London）支付了一笔金额为1000万美元的保障与赔偿责任险的保费。之后，蒂凯油轮便成了B Elephant号的所有人。他们仅用了1000万美元就获得了价值超过6000万美元的船。这么惊人的暴利，不是谁都可以赚到的。那么我的问题来了：为什么大不列颠俱乐部（Britannia Club）和保险公司在TMT申请破产之前没有解决这个问题呢？因为TMT在2013年6月一开始申请破产重组，这些秃鹰就已经在旁虎视眈眈。

到目前为止，TMT已经发现了，涉及TMT破产重组案的马绍尔群岛和巴拿马旗船舶都在2013年6月20日各登记了每份2000万美元的二次抵押。2014年7月所有利比里亚旗船舶都被转为希腊旗船舶，利比里亚旗船舶的记录都被销毁了。TMT怀疑所有利比里亚旗的Whale号船也都各有2000万美元的二次抵押。让我解释一下——曾经有一个大新闻，指出国民党存在兆丰国际商业银行的旗舰基金中有3.2亿美元消失了。当时反对党对此强烈不满，并在媒体上施压要起诉银行。如果您将此事与TMT破产重组案放在一起同时考量，你会发现16艘船、每艘2000万美元的二次抵押贷款总计刚好是3.2亿美元，即金额为3.2亿美元的TMT船舶第二抵押贷款是来自兆丰银行，或是"中国投资基金"。这是一个惊天丑闻。你无需是一个天才来发现两者之间的联系。

此外，在对月度运营报告（MOR）进行分析后，TMT发现总计有3.76亿美元从TMT破产重组案中消失。这是通过大数据分析完成的，因此这个证据已经被完整提交至法庭。"中国投资基金"的3.2亿美元肯定是被用于我在前文提到过的每艘船的金额为2000万美元的二次抵押，一共16艘船。这笔钱从留置权被移除后，又流进一个由台湾摩根大通银行CEO Mr. Shi管理的一项投资里。接下来，橡树资本向指定账户支付了款项，但从未透露是哪个账户。摩根大通有三家分支机构参与其中，他们之间是如何转移资金的我们还不清楚。当然，5600万美元的差额与A Ladybug号有关——更多细节将在下一本书中揭露。

纽约摩根大通银行的CEO杰米·戴蒙（Jamie Dimon）对此作出了激烈的反应，并于2017年6月底解雇了台湾摩根大通的董事及其手下的十人团队。没有任何一家拥有1000亿美元资金的银行会公布其CEO因违反了"内部"规定——只可能是违反了"外部"的法律——而将其解雇。解雇的真正理由从未向证交会或台湾公众解释过。摩根大通之前曾为这种违法行为付出过代价。2016年9月，美国司法部指控摩根大通通过"子女项目"招聘中国大陆政府官员亲属以赢得业务，违反了《反海外腐败法案（FCPA）》，因此摩根大通不得不缴纳巨额罚款以达成和解。

兆丰银行当时正处于为期两年、受纽约证券交易所监管的暂停期，而美方的第一次检查是在2017年7月。华盛顿的美国联邦储备委员会（FRB）还因兆丰银行美国办事处的反洗钱违规行为对其重罚了2900万美元。联邦储备委员会向兆丰银行表示，它需要完善其洗钱防制监督和控制措施，并称其在纽约、芝加哥和硅谷的分支机构均未有效地遵守美国《银行保密法（BSA）》和《反洗钱法（AML）》。委员会称，2016年6月至12月期间，纽约、芝加哥和旧金山联邦储备银行对兆丰银行进行的检查披露了其分行在风险管理和遵守《银行保密法》与《反洗钱法》方面的重大缺陷。

让我们回到第11章破产重组，代表兆丰银行和中信银行的债权律师是美亚博法律事务所，在亚洲的办事处称孖士打律师行。在我看来，此举很不妥，存在着很大的利益冲突，因为孖士打律师行的前身Johnson Stokes & Master（亦称孖士打）在2010年是所有Whale号船的律师代表。但似乎没有人关心这件事，而美亚博的债权律师查尔斯·凯利（Charles Kelley），并不同意根据第11章提出的重组计划。事实上，从2010年到2013年，在根据第11章申请破产重组之前发生的所有事情都从未向法院提交证据，即使这些都是与案子相关的并且非常重要，还可能会影响法官的决定。

你可以看到破产重组案变得如此错综复杂。除非是有执业资格的破产法律师,否则当时几乎不可能了解情况,而我恰恰不是。而本书的读者也会觉得此书难以明瞭,但我会在后续章节中尽量简述法庭的做法。现在,只能说在幕后发生了很多见不得人的勾当,而我自己和TMT当时都没有意识到这些。

从总体上来说,国民党的计划正在奏效——TMT的重组之路正被复杂难言、两面三刀的诉讼行为所阻碍。

图 7.1苏信吉 Nobu Sue 在破产法庭

第八章

被挟持的贷款

X计划盯上了TMT，并劫持了其贷款——我对此毫无疑问；TMT被用作将资金从台湾银行转移到海外目的地的工具——我对此也毫无疑问。这些事实引发了许多问题，而我决心要找到它们的答案。X计划要取得成功，必须满足以下条件：

- 它必须是可管理的。

- 它必须是可扩散的。

- 它必须是保密的。

- 它的汇款必须无迹可寻。

- 它必须由少数人分工管理。

- 它必须聘用外部人员来专门管理这项工作，他们完成计划中的任务后可以继续做其他工作。

- 它必须扩散到多家银行中，以达到"大隐隐于市"。

- 它必须让外国银行作为中间人参与进来，这样一来台湾当局鞭长难及，无法监管它们。

- 它在将来必须难以适用司法管辖权。

- 它必须能以看起来合法的方式轻松地销毁证据。

TMT的案例符合了上述所有的条件。

很明显，兆丰银行董事长蔡友才遵循了周美青夫人的指示，而周美青夫人的举动很有可能得到了马总统的支持。我深信了无痕迹地把这笔钱从台湾转移到海外目的地的并不止蔡友才一个人——我相信他是遵循了第一夫人的命令并得到了总统的首肯的。我花了近十年的时间调查和分析银行如何利用客户贷款转移资金，或者在更复杂的情况下，使用债务担保证券（CDO）和信用违约交换（CDS）以及其他更新式的金融产品。我可以有把握地得出结论：如果他们与业务纯熟的合作伙伴一起策划，这个计划绝对会超出财务主管和监管机构检测非法活动的能力。在只知其一的情况下进行有效的反洗钱调查是不可能的——它需要账户被劫持的第三方以及中间人的详细信息。

　　中信和橡树资本推动了X计划最后一步的执行。他们有一家名为橡树亨廷顿（开曼） 6 CTB（Oaktree Huntington（Cayman）6   CTB）的投资公司。这已经被橡树资本的法律事务所宝维斯法律事务所（Paul Weiss Rifkind Wharton&Garrison LLP）在2014年7月14日于纽约举行的破产法庭听证会上宣誓确认了。橡树资本的律师给出的解释相当惊人：橡树亨廷顿（开曼）6 CTB基金在2014年1月1日之前更名为橡树资本台湾海峡控股（OCM Formosa Strait Holdings）。因此，2013年12月31日的试算表背后有着很多不为人知的故事。国民党似乎已向橡树资本台湾海峡控股有限公司，即前橡树亨廷顿（开曼）6CTB基金，注资了3.2亿美元。我将在下一本书中写更多这方面的内容。

　　还有证据显示，橡树资本台湾海峡控股公司于2014年1月21日向兆丰银行购买了1350万美元的贷款，安排给了北美摩根大通，由其副总裁斯蒂芬·克拉克（Stephen Clark）授权签署。但是，原来签署的姓名首字母是克里斯·克雷格（Chris Craig）的，但是被划掉然后以克拉克的签名覆盖。　克拉克在摩根大通纽约总部工作，克雷格则在伦敦的信用风险部门工作。无独有偶，台湾银行的所有申报均向台湾的英国金融行为监管局（FCA）和美国证券交易委员会（SEC）报告，并以北美摩根大通作为贷款的买方。这确实非常曲折神秘：到底是是纽约还是伦敦？

　　我将在我的下一本书详细介绍。

中信银行一开始出售其拥有的TMT公司1800万美元的贷款，麦格理银行就在同一时间成为了正式的持有资产的债务人（debtor-in-possession，以下简称DIP）的贷方。事实上，在两个月前，麦格理银行已联系艾睿铂的首席财务顾问（对债务人）丽莎·多诺霍，表示他们愿意作为DIP的贷方提供2000万美元。DIP的贷方有着重要的地位，并在重组计划的审批中拥有最终决定权。

为了清楚起见，我认为这里需要进一步解释DIP贷款，也就是持有资产的债务人贷款。

在合适的情况下，根据第11章的破产重组可以提供一些选择来促进融资。如果一家公司需要资金，但贷款人由于担心法律问题而不愿意为该公司融资的话，该破产法令可以提供解决潜在贷款问题的方法。当公司提交第11章破产申请时，公司的管理层和董事会仍然持有该公司。因此，该公司被称为　"持有资产的债务人（DIP）"。当债务公司找到了一个贷款人时，会提出一项动议，要求破产法庭批准其DIP融资。如果DIP贷款获得批准，公司将需要确保现有贷方的留置权受到保护（保证不会变得更糟）。现有的贷款人本身可能愿意提供DIP贷款，即使它拒绝了在破产范围之外再提供贷款。

与破产范围之外的贷款不同，如果法院批准DIP贷款，那么DIP贷款将不会有法律上的问题——DIP贷款通常由内部人士或"假马"买方提供，希望能购买该公司的资产。这并不容易，但在合适的情况下，一家处境困难的公司或许能够使用破产重组下的DIP融资来获得所需的流动资金，为正式的破产重组提供资金。DIP贷款非常昂贵，因此对于DIP贷方而言非常有利可图。

当然，麦格理银行没有用自己的钱来进行DIP贷款。兆丰银行给了他们2000万美元，他们拿了免费的资金，只交了了1%的费用。所以2000万美元就变成了2020万美元。来自温斯顿法律事务所（Winston&Strawn）的查尔斯·施赖伯（Charles Schreiber）在纽约进行超前交易，然后前往休斯敦，而他的上司是一位名叫布莱克（Black）的人，他在华盛顿特区工作，并与2012年至2014年的台湾驻美代表金溥聪有密切关系。在破产重组听证会上，DIP贷款人（麦格理银行）从未就重组计划的任何正面的事项达成一致的意见。

那些涉及债务销售的公司的诚信变得非常可疑。公司名称一直在变化，直到在破产重组流程中无法确定公司的合法注册身份为止。

中信银行和大众银行（台塑集团的一部分）于2014年1月21日至23日连续完成了两次船舶销售，并由摩根大通的斯蒂芬克拉克和兆丰银行签署。顺便提一句，台塑集团的钢铁厂曾向海中排放了大量的有毒污染物。这造成了约115吨死鱼被冲上越南海岸。此环境污染对包括当地渔民在内的20万人的生计造成了负面影响。2016年7月，台塑集团承诺向受有毒排放影响的越南人民支付5亿美元的赔偿。

我的个人看法是，每艘船的售款中有5500万美元到6150万美元不等的资金被用作了洗钱用途。2014年1月28日C Whale号以总价5150万美元的价格出售给了新的贷款人克里斯·克雷格（Chris Craig）。台中银行和国泰银行转账的公开网站宣布，北美摩根大通银行将债务出售给北美摩根大通银行——换句话说，它们将债务卖给了自己。但款项收据上的日期都是错误的——我指的是不可能在收到收据的前一天付款。2014年1月27日，台新银行是唯一一家没有出售其E Whale号轮债务的银行，这让它在未来间接成为了一个揭秘者，曝光了所有看似非法的交易是如何进行的。然而，如前所述，该银行已向橡树资本安排1亿美元的有利期限贷款，于2013年9月份开始、11月的第一周结束。台新银行仍然是D Whale号轮的债权人，但尽管台新银行是TMT破产重组案的一部分，其1亿美元的贷款却从未在破产重组中被披露。换句话说，他们并没有向破产法庭宣布真实的情况。

在2013年11月13日提交索赔详情的最后一天，更多有趣的事情被发现了。整个索赔和债务的真实账户没有以合适的方式提交给美国第11章破产法庭。应该提交给法庭的信息从来没有被完整地提交过。

我将在下一本书中详述这些与事实不符的地方。

台湾欧力士（ORIX，日本金融服务公司欧力士集团旗下的分公司）的CEO告诉我，在兆丰银行债务的销售中摩根大通是中介，它的转让条款使台湾银行不能成为直接参与方，让此交易变得不同寻常。我试图获得更多细节，但台湾招股书中列明的拍卖过程特别要求不合乎规定的潜在参与者必须销毁其邀请文件。这些合规条件阻碍了日本公司参与拍卖。因此，在我看来，这些贷款早已经被台湾的银行监管机构、即国民党王朝预先决定了向纽约橡树资本和星散海运的股东君上资本（Monarch Capital）出售。

X计划已经完成。

我相信以下是事件发生的次序：

• 兆丰银行、中信银行和大众银行被国民党政府和周美青夫人告知要秘密参与3.2亿美元的无担保贷款，该贷款于2013年11月被售予了纽约摩根大通——此事并未在休斯敦的第11章破产法庭上被披露。

• 2013年11月，台新银行向橡树资本提供了1亿美元贷款；与此同时，中信银行完成了第一笔交易。

• 高雄银行于2013年12月17日以3.06亿美元把贷款的一小部分出售给了香港SC 洛伊（SC Lowy）。实际上，整艘船的贷款被分成许多部分——几乎就像信用违约交换一样（CDS）。与此同时，澳大利亚麦格理银行悄悄地把破产重组中的DIP贷款给了TMT，这同样也没有被公开披露。

• 兆丰银行的高层管理人员可通过wkc3@megabank.co.tw团体电子邮件在内部控制正在发生的一切事情——非常可疑的是，银行中有三个人的名字是相同的。

- 2013年12月25日，邢献慈发送电子邮件告诉苏信吉（Nobu Su），一个月后，她不会再负责签署文件——这是为了遮盖她与这件事相关的痕迹。

- 国民党基金（"中国投资基金"）对此罪案注资，以银行利润的方式在2013年底完全抵消了这五艘船的所有债务。

- 2014年1月15日，第一笔转入与国民党有关联的银行（上海商业储蓄银行）的贷款被转入麦格理银行和德意志银行。但相关文件是打印在"错误纸张"上。实际上全都文件都是打印在"错误纸张"上。这不是很奇怪吗？

- 2014年1月21日，中信银行最终将贷款余额出售给了摩根大通，以便以适当的方式收回资金。该交易已上报到第11章破产法庭。　摩根大通一收到这笔钱，便会将其还给台湾的中信银行以便让其看起来就像一笔合法的交易。

- 2014年1月23日，又有350万美元贷款被售予摩根大通，之后是同样的操作，签署人是北美摩根大通的斯蒂芬·克拉克。

- 2014年1月27日，整个联合贷款的余额付给了9家银行。所有牵涉在内的台湾银行都在1月28日前收到了款项——克里斯·克雷格在伦敦签署了转账文件。

- 2014年1月28日，SC 洛伊（SC Lowy）和星散海运的大股东君上资本（Monarch Capital）关于A Whale号的第一笔银行交易在一天内完成。这是巴克莱银行（纽约）在一天内用新加坡银行代码（SWIFT code）付款完成的唯一一艘船——事实上，这是不可能的。这笔交易是虚构的，从来没有发生过。

- 2014年1月29日，兆丰银行，橡树资本和北美摩根大通银行均在纽约勾结起来，但它们分别签署了两份合同。兆丰银行和摩根大通在伦敦签署协议——由信用风险部门的克里斯·克雷格签署。

橡树资本和北美摩根大通银行的协议仅由橡树资本代表橡树资本台湾海峡控股公司签署。

为什么这些资金都是分开的?

答案是,橡树资本把资金汇入兆丰银行的指定账户,而不是摩根大通银行的账户。它应该是给摩根大通的国民党基金。如果是后者的话,北美摩根大通必须作为资金的最终所有者而把这笔钱存起来,又或者把这笔钱汇出到指定账户——要么是兆丰国际商业银行的纽约代理(银行代码ICBCUS33 – ICBC代表中国国际商业银行,33代表纽约),要么是国民党的资金。

E Whale号于2013年初在南非被兆丰银行扣留,因此当它被公开拍卖时,美国法院的裁决不能适用。那么,为什么E Whale号的贷款还款没有回到破产重组的资产中去呢?第一笔交易是高雄银行与香港SC 洛伊金融投资银行(SC Lowy Financial (HK) Limited)之间的交易,但后者在交易中更名为SC 洛伊首要投资公司(SC Lowy Primary Investment),地址为敦化北214号7楼珍妮弗·阿特肯森(Jennifer Atkinson)女士,电话02-5588-1798 。这是真实信息吗?我发现这是理律法律事务所(Lee&Li)的地址,这家法律事务所与台塑集团控股的大众银行(最近他们出售了大众银行,以远离这一骗局)相关。这笔交易所得款应该回到破产重组案,而不是回到每月的业务营运报告中。尽管还有一些细节需要确认,但TMT破产重组案和我都可以提供上述的详细证据。

申请破产重组需要从不同的角度进行分析。请记住,第一银行、彰化银行、兆丰银行、华南银行、CBT银行、台中银行、高雄银行、台湾银行、土地银行和合作银行都是政府控股银行,由"大姐"周美青夫人提名或官派董事长。

以下是一些有趣的问题,供读者思考:

1. 为什么麦格理银行可以作为对破产重组感兴趣的投资银行提供2000万美元现金呢(这与它作为贷款持有人的身份有利益冲突)?

2. 为什么SC　洛伊这样的小型基金（其创始人曾供职于德意志银行）能洞悉先机、参与其中呢？　SC洛伊在香港的办公室毗邻上海商业储蓄银行香港分行，而上海商业储蓄银行总部设在台北。

3. 为什么上海商业储蓄银行作为一家私人银行会借贷这么多，然后又立即将所有债务出售给麦格理银行呢？

4. 为什么佣金回扣围绕着麦格理银行循环流动？（台湾麦格理银行距离国民党总部只有三十米）。

2013年12月31日，多家银行很可能以200万美元二次抵押贷款的形式从国民党处获得了资金，因此他们无需在其财务报表中注销债务。　2014年1月27日，全部债务都已用国民党资金偿还了。台湾银行被告知这笔债务已被卖给了摩根大通银行。但实际上，摩根大通从橡树资本台湾海峡控股公司处（账户不详）获得了资金，然后于1月29日在纽约支付了这笔钱。有几笔与中信银行、大众银行和上海商业储蓄银行有关的贷款在11月和12月分别被售予了摩根大通银行和麦格理银行。这些交易无疑是可耻的丑闻——日期不匹配，银行的一举一动明显表明他们共谋。他们为什么要让摩根大通伪装交易？为什么世界上最大的顶尖银行之一摩根大通需要这样做？摩根大通管理层中地位最高的台湾银行家是摩根大通（亚洲）总裁钱国维。他代表整个亚洲的摩根大通，与其欧洲地区的投资银行和商业银行分部的负责人一样，直接向杰米·戴蒙汇报。他也是1990年至1996年担任台湾外交部长的钱复的儿子。

难道是要把腐败控制在"国民党家族范围内"吗？

中介银行需要在破产重组中披露明确的合同。那么问题来了。摩根大通纽约的副总裁否认伦敦的克里斯·克雷格有权签署。　克雷格的签名是在一笔中信银行和大众银行的交易中出现的，转账日期是五天后。此事涉嫌欺诈，有关文件也没有在破产重组案中披露。摩根大通的律师在伊斯古尔法官面前申明，摩根大通在破产重组案中扮演的角色是经纪人。尽管如此，事实证明，摩根大通不是经纪人，因为他们持有中信的4000万美元贷款和大众银行的3000万美元贷款长达两个多月。我们有来自摩根大通的声明作为上述两者的证据。

突然之间，前兆丰银行董事长蔡友才在2016年2月被任命为国泰世华银行董事。这是一个非常重要的举措，即使对金融界以外的人也是意义重大。　　2014年底，TMT的16艘船舶全部出售后，纽约州金融服务局（NYDFS）对兆丰银行洗钱行为的调查就开始了。这与2014年橡树资本试图在芝加哥与TMT达成和解的事件正好吻合。然而，到2016年初，事态变得非常严重，蔡友才随后被起诉。

2016年8月21日，被许多人认为是美国最有效的反洗钱执法监管机构的纽约金融服务局与在纽约和巴拿马共和国均设有主要分行的兆丰银行签署了同意令（一份列明有关人员达成共识的详细信息的法律文件）。同意令包含了对兆丰银行因洗钱防制严重不力处以1.8亿美元的罚金，以及在法律遵守监督委员会中对该银行实行强制性的全面补救措施。所有法遵监督人员被要求阅读该同意令。兆丰银行洗钱防制措施的缺失范围是如此的广泛，我鼓励读者们阅读完整的文本。特别是对位于北美的银行法遵监督人员来说，文件中描述的巴拿马银行的两个办事处——一个在巴拿马城，另一个在科隆自由贸易区——存在着洗钱防制措施严重缺失的细节也同样重要。　纽约金融服务局的法令特别提到巴拿马是"洗钱的高风险管辖区域"，还列出了一个洗钱防制措施缺失的清单（更多详细信息参见本书第18章——伍鲜绅（Samson Wu）事件：虚假新闻？）。

其中列出的最不寻常的违规行为之一是"付款授权"（付款逆转）的模式，即电汇在完成后的几个月内被撤销并且退还所有资金。特别值得注意的是，即使客户在巴拿马关闭账户后，银行也允许进行该转账。其中有一些转账的发款人和收款人是同一个客户。银行允许这种用于洗钱的伎俩，其效用是显而易见的。

根据公开的记录，巴拿马银行监管机构并没有对兆丰银行巴拿马城和科隆支行采取任何行动。法遵监督官员应立即检查他们最近的电汇记录，以确定他们的银行是否与兆丰银行进行了任何交易。他们应该立即开展调查，了解转帐的情况、牵涉在内的各方人士以及这些转账所揭露的未公开的商业关系。

台湾银行自2012年开始公开办理人民币（人民币是中华人民共和国的官方货币）业务。这与国民党的资本外流的时间正好吻合。2012年至2014年间，由于台湾银行向中国大陆贷款，台湾的资金流出量很大。与台湾2%的贷款利息收益相比，银行可以获得6%的利息回报。其中一个例子是2014年启动的台湾中信/大陆中国国际信托投资公司联合创办的合资企业，其目的是便于在台湾和中国大陆之间转移资金。然而，在由纽约金融服务局发起的对兆丰银行罚款1.8亿美元的洗钱防制案开始之后，合资谈判立即取消。这是一个因为违反了反垄断法而影响台湾与其他各地关系的案例。中信CEO辜仲谅被台湾当局逮捕，后来以300万美元的保释金获释。台湾财政部正在调查他涉嫌参与的非法交易。他现在面临着违反《银行法》和《证券交易法》的指控，可能因此入狱12年。看起来，台湾当局此举是为了确保他不能揭穿有关2012至2014年银行业反洗钱不力的丑闻真相。

图8.1 蔡友才被捕

图8.2 辜仲谅被调查

第九章

申请破产重组（续）

让我们回到之前的话题。

TMT破产重组案对兆丰银行副总裁邢献慈来说是一件创巨痛深的事。我相信她直接从政府和国民党的高层处得到了指令，用"中国投资基金"对TMT贷款实行欺诈。因为TMT根据第11章申请了破产重组，她一定清楚现在最需要的是隐瞒整个X计划。她可能联系了兆丰国际商业银行的律师团队孖士打律师行，在香港、纽约和休斯敦办事处之间也一定有很多内部信息交流。正如我以前所说，台湾驻美代表金溥聪在同一时间访问得克萨斯州，我可以想象到邢献慈从台北给他打电话，用颤抖的声音告诉他TMT已根据第11章申请破产。从那时起纽约美亚博法律事务所的律师查尔斯·凯利和迈克尔·洛莱特（Michael Lloite）被任命处理此事。详情请参阅本书附录中美亚博的信函，其中巴拿马TMT被引用为二级贷款人。但是，TMT在此事中是借款人，而不是贷款人。令人惊讶的是，这是来自C Whale号的契约。这个惊人的发现表明一切计划从2010年就开始了。

阴谋诡计如此之多！

当时的最大问题是什么？嗯，首先，需要正确地提交A Ladybug号轮的登记信息。令人惊讶的是，在TMT提交破产重组申请后的第十天，台湾金融监督管理委员会（FSC）下达指示，要台湾银行将其曝险降低一半，以达到2013年底经审计的财务报表中不存在亏损情况的目的。这需要在法庭上解释——但从来没有。这笔贷款的钱已经从银行体系内经"中国投资基金"

获得，这意味着整个骗局都需要隐藏起来，避开法庭耳目。另外，美亚博似乎被要求不要披露卖给麦格理银行的Ladybug号贷款的信息——这只可能是为了争取时间。

美亚博联系了布雷斯韦尔与朱利安尼法律事务所（Bracewell & Giuliana LLP）。他们本应该协助提交TMT的第11章破产重组计划以换取时间。然而他们却提出了一个名为"诚信或不诚信破产重组"的论点。基本上，这个论点反对TMT重组的提议。这引发了一个问题：他们为什么会反对重组一家拥有如此雄厚资产的公司和一条船龄仅两年的年轻的现代化的船队？这不但是不寻常的，还可以说是相当罕见的。同样罕见的是，艾睿铂的运输部负责人多诺霍一直告诉我，台湾银行不愿意跟我对话。我所能做的就是等待贷款被出售给纽约对冲基金，然后我才可以开始谈重组。

直到2013年9月，事情才真正改变。多诺霍给我打了电话，告诉我麦格理银行愿意提供资金来帮助TMT重组，但条款很苛刻：他们希望获得二次抵押贷款和9％的利息。细节决定成败，在这种情况下，关键在于条款和条件，但我别无选择，只能接受。那些条款非同一般，麦格理银行的Ann Chen和另外两位女士来到布雷斯韦尔法律事务所的洛克菲勒中心办公室来跟我们"打招呼"。我对那次会面记忆犹新。没有一位女士了解他们在航运中所充当的角色，她们连TMT船只的船头和船尾都分不清楚。这三位年轻的中国女性又怎能决定向破产重组的DIP的16艘船提供2千万美元的二次抵押贷款呢？这当然是不可能的——他们早已在别处做好了决定，简单地盖章了事，或者说在不知道麦格理银行遵从何种授权委托书的情况下签署了贷款。会议很短，但对我来说，那好比旱逢甘露、雪中送炭——给我资金，让我的船可以继续航行、创收。

麦格理银行却有其他想法。

2013年11月，法院批准麦格理银行提供2000万美元的DIP贷款，该贷款分两批支付给惠特尼银行（Whitney Bank）。所有的资金都被服务费用吞没，完全没有花在船上。除此之外，美亚博仍然以"诚信或不诚信破产重组" 计划拖延时间，所有船舶都动弹不得，同时也消耗掉了TMT的5800万美元保留资金。修华及柯塞尔法律事务所是无担保债权人委员会的代表律师，该委员会试图为现代重工、现代三湖等带头的各方收回资金。但是，他们却保持沉默。 TMT从韩国第一大船厂订购了价值26亿美元的船只，现代公司是唯一了解这些船舶的性能和真正价值的公司——但是，他们不愿意出庭作证，支持TMT并证明这些船的真实价值。直到2018年1月，我才找到了原因。

但在我看来，他们的一举一动肯定修华及柯塞尔法律事务所授意的，而此法律事务所所是他们在纽约的法律顾问，同时也是星散海运的法律顾问。 橡树资本（拥有超过50%的星散海运股份）和君上资本已经同意以高额折扣购买TMT的债务，或者说在购买谈判中。他们无法雇用修华及柯塞尔法律事务所做他们的法律顾问，因此他们聘请了著名的宝维斯法律事务所（Paul Weiss）和威尔基法尔法律事务所（Willkie Farr LLP）。

破产重组案于2013年12月有了新的进展。当时法庭听说台湾银行已开始向摩根大通、橡树资本和君上资本出售贷款（后两者是帕帕斯的星散海运的两大股东）。我曾一度与帕帕斯共同担任星散海运的董事长；2008年他在一次阴谋中获得了30%的股份（详见拙作《东方金客》）。

世易时移，人事变迁——来自艾睿铂的多诺霍和来自布雷斯韦尔的律师从此案中销声匿迹，此后事件的进展非常耐人寻味。台湾律师于2013年6月20日至2014年1月31日期间毫无动静。而有一件事情让我觉得很奇怪——一位有秃头之忧的中国男子一直坐在法庭中央。他从未错过任何一次法庭聆讯。他总是每天八小时、毫无间断地盯着法官，从未动过。他每时每刻都专心听着法庭上发生的事情，就好像他在身上某处藏了一个隐秘的麦克风正在记录着一切，并且向上面汇报以确保真相不能大白一样。

他难道是个间谍吗？我曾经在洗手间里站在他的身后，即使在那种情况下，他也从来没有说过一句话。难不成他在法庭上当一个沉默的国民党间谍超过了200天?

破产重组的法庭案例就像一部电影。万泰钻油（Vantage Drilling）的行政长克里斯·迪克拉尔（Chris Declare）及其CEO保罗·布拉格（Paul Bragg）聘请了维达尔·马丁内斯法律事务所（Vidal Martinez LLP）处理收购价值5000万美元的股票质押事宜。马丁内斯是一位住在休斯敦并有40余年从业经验的资深律师。他曾效命于万泰董事保罗·布拉格和约翰·奥赖利（John O'Reilly），负责应对美国财政部的海外资产控制办公室（OFAC）和处理有关《反海外腐败法（FCPA）》事宜。然后，在2014年，他再次回到了万泰，每天来到位于四楼的法庭并交换信息。马丁内斯从9月份开始出现，目标是买断所有的条款。让我这么说吧，我认为迪克拉尔是不称职的，但他有忠于他的得力助手布拉格，尽管他最终在万泰违反美国证券交易委员会（SEC）的规定后被解雇。他决定对万泰的最大股东F3资本（F3 Capital）进行报复，该公司一度拥有万泰70％的股份，但这又是另一回事了。

让我们来谈谈维达尔·马丁内斯——他被万泰聘用的原因有几个，其中一个是处理其第一批钻机中的一台关于《海外反腐行为法》的巴基斯坦法遵问题，另一个我认为是毁掉苏信吉。美亚博要求额外担保以维持诚信，最终我同意向法院质押5000万美元的万泰股票。万泰的CEO在法庭上发誓，声明他想尽可能地购买股票。而在美国，一家公司的CEO未经董事会批准而来到得克萨斯州法院购买股票，这是闻所未闻的。万泰聘请马丁内斯，试图通过联系所涉及的律师来阻挠破产重组案的顺利进行。这是一起潜在的犯罪行为，违反了美国证券交易委员会的规定和美国公司法。

如此多的律师和法律纠纷——DIP的律师、上海银行的律师、无担保债权人委员会的律师、现代集团的律师、TMT的律师还有财务顾问——美亚博的查尔斯·凯利，布雷斯韦尔的埃文·弗莱申，温斯顿法律事务所（Winston＆Strawn）的查尔斯·施赖伯，他们在破产重组案中举足轻重，让所有的船只都闲置在港，无法创收。如此多的"专家"参与了此案，却对航运业一窍不通，连什么是"超大型油轮（VLCC）"或者"超大型矿油两用船（VLOO）"都不懂。这些所谓的"专家"对航运界的发展动态一无所知。每天都是像"抢座位游戏"一样的诉讼流程，而且他们都收费不菲。有着斯坦福大学MBA学位的伊斯古尔法官（Marvin Isgur）在数字不合理的时候会询问，但律师们都竭尽全力地为他们的雇主的资产安全打"擦边球"，说一下似是而非的话而不是提交准确的事实和数字。

没有人针对关键性的问题发文，例如公司陷进危机的根源是什么。更多的问题是围绕着一些抽象的话题，比如说什么是有诚信的破产重组方案。与其同时，TMT船队仍然处于闲置状态，全体船员都在船上继续消耗原油和其他资源，没有收入。有一天，一名船员在新加坡去世，我不得不飞去处理这件事。没有一位律师向法院报告这件事。来自挪威的船舶管理公司隐瞒了此事，艾睿铂隐瞒了此事——他们都向伊斯古尔法官隐瞒了此事。我想说出来，但是埃文·弗莱申不让我说。事实上，由于禁止船舶移动，他们间接杀死了这名在新加坡的工程师，但却没有向法官报告。那时候快到圣诞节了，他们都只想着回去他们的豪宅，度过一个愉快的假期。

后来，该计划向橡树资本提供五年优惠贷款，橡树资本似乎参与了骗案，向兆丰银行提名的银行支付了用于购买贷款的款项。这些银行所在地可能是纽约、伦敦、香港、悉尼、巴拿马或其他任何地方。我们根本不可能找出确切地点。这笔交易非常有吸引力，我相信橡树资本不会拒绝协助遮盖洗钱证据。这个毫无道德感的企业涉及了挪用、隐藏巨额资金及删除证据。要把数十亿美元放在小银行中并且能够隐藏痕迹并不容易。这就是为什么本书《王朝大逃亡》耐人寻味，因为它点亮了一支火把，将真相之光照到幕后腐败的黑暗角落。

2013年11月7日，发生了两件大事。　橡树资本和台新银行签署了为期五年、带"优惠条款"的1亿美元贷款协议。有些船舶似乎被抵押给了台新银行，但这违反了台湾法律中银行不能从资产出售中获利的规定。在后来的2016年调解期间，泰信银行购买了15％的Fortuna Elephant号船。这也与国泰世华银行陈姓董事长涉及与科特兰资本（Cortland Capital）的一美元交易、董事长从而受惠2000万美元的丑闻有关。

然后出现了一件奇怪的事。

2013年11月13日是提交索赔详情、以确认欠下各方多少钱的最后一天。现代集团聘请了另一家律所高伟绅法律事务所（Clifford Chance LLP），但他们的申请在我看来明显是欺诈。前三页没有问题，但剩下百余页的支持文件全都由高伟绅法律事务所"修改"过并人工送达明尼苏达州的EPIC。EPIC是接收电脑归档服务的重要的全天候信息中心。为什么要人工送达呢？美国地域这么广阔。

这确实很奇怪。

与此同时，向TMT的索赔细节还有其他问题——经联邦快递（Fedex）发送的文件存在着其他不一致的地方。　艾睿铂在2017年的宣誓供词中声明，这些文件上的日期标记被修改了。修改细节可以得到确认，联邦快递记录也可以确认索赔中的欺诈行为。这很可能是纽约的一个由艾睿铂以电子方式提交的互换合约（SWAP）。这意味着破产重组案中的TMT应赔金额和现代重工的索赔金额不符。如果说，整个破产重组案早在2013年11月就已经受到威胁，那时候这场戏剧性的相互勾结很可能刚刚开始呢？

兆丰银行于2013年4月15日下午1：45发布违约通知的8个月后，也就是2013年12月15日，根据第11章破产重组真正开始执行。A Ladybug号正式交叉违约。通知是由两个办事处发出的——一则来自兆丰银行的总部，另一则来自其敦南分行。　孖士打仅以草稿形式拟定了文件。文件不是正式的，当时被保存在敦南分行。这就是违约通知来自两个办事处的原因。

我很明白TMT被骗了——贷款最初只有信用证而没有担保，其合同于2012年7月在兆丰银行总部签署。正如前文所述，随后A Ladybug号被要求作为贷款增加的抵押品，然后于2013年12月被售予了麦格理银行。悉尼麦格理总部于2012年11月22日批准了此项交易（当然这是一个错误的日期，用于混淆试听）[见附录]，利用来自兆丰银行的2500万美元贷款的一部分，以约定的价格购买A Ladybug号的贷款，并在纽约支付。这可能是我们业已清楚的第一起洗钱案。

我认为美亚博和温斯顿之后为DIP债权人拟定的平行文件完全是用来掩盖对TMT的欺诈。由于事实被歪曲，破产重组法庭没有完整地了解整个事件，因而所谓的"诚信/非诚信"论点被提出。从表面上看，破产重组只是一个展览的橱窗，因为在背后，涉及整个台湾银行体系，甚至纽约、伦敦、香港、巴拿马、华盛顿特区和台北的众多银行的重大会议正在全面展开。

到2013年12月底，巴拿马驻台湾大使馆也全面履行其职责，最后修改的证据发在A Ladybug号身上。该计划变成了如何摧毁由TMT和艾睿铂以及埃文·弗莱申拟定的提交给美国法院的重组计划。然而有消息从休斯敦传来——重组提议失败了，法官授权出售船只。

总的来说，2014年1月8日的破产重组听证会是灾难性的，但我因在台湾而没能出席。自动停留期满后，船舶开始被发售。我在前文提到过无担保债权人组建了无担保债权人委员会。现代重工和现代三湖工业公司、中国海运、石油公司，布莱斯塔德航运公司（Blystad Shipping）（一家我曾在他们陷入困境时帮助过他们的挪威公司）——他们像一群围在尸体旁边的秃鹫，等在那里准备进食。 我说过，我不明白为什么现代集团不愿意和代表无担保债权人委员会的修华及柯塞尔法律事务所达成破产重组的协议。他们聘请了高伟绅法律事务所提交索赔证据，总金额为1.87亿美元。在我看来，这些文件的目的都是为了实行欺诈，因为这些文件中的数据都是虚假的——从韩国转到纽约，再从纽约转到休斯敦，这些数据一改再改。

提交文件的方式也非常可疑，因为从韩国快递到纽约，再到休斯敦，文件在途中似乎已经被调换了。

在申请破产重组之后的三年多里，这个骗局的证据需要被清理干净，避免破产重组法庭或是任何其他人知晓。我们已经确定了上海商业储蓄银行、永丰银行、中国信托银行、台新银行、国泰世华银行等银行很可能得到了"大姐"周美青夫人的首肯而从这个计划中获利多多。但这个计划也需要摩根大通，SC洛伊和麦格理银行等中介银行的参与来理清混乱局面。一旦国民党作为台湾王朝统治者的灭亡成为现实，周美青夫人不得不开始执行X计划，以尽可能多地把资金流出海外。这需要众多国际性银行，如高盛、汇丰银行、巴克莱银行、渣打银行、澳新银行、花旗银行、美国银行、瑞银、瑞士信贷、德意志银行、法国巴黎银行和纽约梅隆银行等，参与其中。

台湾与四家英国银行，即澳新银行（前台北苏格兰皇家银行）、汇丰银行、渣打银行和巴克莱银行，有着密切的关系。他们涉及了美国和英国的债务担保证券（CDO）和信用违约交换（CDS）的交易丑闻，以及2009年至2011年间的在亚洲的证据清理工作。虽然看起来有很多人都牵涉在内，你可能会想，"他们怎么可能都参与了这同一个阴谋呢？"事实是，只有一小部分的内部人士才知道整个计划。其余的人只知道一些皮毛，不足以获得全盘计划。

那么，这个由点及面、将整件事情推断出来的任务就交给我吧！

为了帮助我了解整件事情，如前文所述，我会见了台湾欧力士的CEO，他告诉我，作为日本第一的租赁公司，他们收到了船舶销售会的邀请招股说明书，但他们发现了其中不寻常之处——船的销售呈三角关系，由摩根大通向第三方买家销售——换句话说，兆丰银行不是以一对一的方式进行交易，而是把摩根大通作为了中介。我希望能拿到一份邀请招股说明书的副本，但正如我告诉过读者，其中有一个条款是，那些没有成功买船的人得销毁所有文件，而且禁止外部团体的阅览。仅此一个条款就违反了全世界每个金融服务委员会和证券交易委员会的财务条例。

如果这都不可疑的,那又有什么更可疑呢?

图9.1 破产法庭标志及404号法庭

第十章

TMT与兆丰银行

涉及兆丰银行的TMT破产重组案有许多"独一无二"的特征:

1. 没有人问到2010年发生了什么,以及TMT为什么要根据破产法第11章申请破产重组。

2. 没有人关心风险管理,数据是否正确。

3. 星散海运的股东们和现代重工使用同一个法律事务所(修华及柯塞尔修华及柯塞尔法律事务所),但他们也把部分业务给了其他律师,以避免出现多次利益冲突。 星散海运有51%的股东聘用宝维斯法律事务所,20%股东聘用威尔基法尔法律事务所。因此,至少有51%的股东可以被视为附属公司。从一开始,这就是一个严重的法律冲突。

4. 2009年至2013年间,美亚博法律事务所是TMT子公司 F3 资本控股的万泰钻油的法律代表。布雷斯韦尔与朱利安尼法律事务所随后成为万泰钻油的法律顾问,他们也代表债务人参与了的破产重组案。更多的细节将围绕着前摩根大通银行家和纽约对冲基金浮出水面。

5. 上海商业银行的纽约分行、国泰世华银行位于美国的数个分行、第一银行的纽约分行、永丰银行的加利福尼亚州分行、中国信托银行位于美国的数个分行都以这样或那样的方式参与此案。

毫不夸张地说，全世界数以百计的律师参与了涉及兆丰银行的TMT破产重组案。他们来自新加坡、中国、阿联酋、南非、利比里亚、马绍尔群岛、巴拿马、马耳他、比利时、美国和英国。每次船舶在海外被扣留都会涉及至少两家法律事务所。拿比利时举例，当时在安特卫普有9家法律事务所参与其中。香港、希腊、德国美国以及其他国家也都有实物船和真实（而非贷款）的销售。

破产重组法庭遍布美国，包括奥斯汀、达拉斯、休斯敦、迈阿密、华盛顿特区、康涅狄格州哈特福德、纽约以及其他城市。它涉及了众多法律事务所、律师助理和相关专业人士。事实上，它的规模变得如此之大，以至于现在有法律社团和机构将TMT案例作为其成员研究的典型。

我们已经知道了国民党和台湾银行家们的目标是什么——我们对他们的图谋一清二楚。根据当时的在野党民进党的公开声明，民进党和台湾人民在过去65年来一直企图追回国民党的不当党产。国民党的目标是不留痕迹地转移资金。而答案是互换合约（SWAP）。这与在2008年西方金融危机期间发生的情况是一样的，在拙作《东方金客》中有详细的介绍。相同的事情在香港、新加坡、东京、伦敦、悉尼、纽约、巴拿马、中国以及很多其他地方上演。

2013年12月15日，在破产重组案业已开始的同时，由兆丰银行、上海商业储蓄银行、永丰银行、第一银行、国泰世华银行、中国信托银行和大众银行带头的26家台湾银行开始销售全部的TMT贷款。这完全复制了西方金融危机时债务担保证券的大规模销售。当时，也就是2008年，西方大型银行将其有毒资产出售给政府以换取金融援助资金（又称纾困资金）。现在，台湾银行出售TMT船舶贷款以换取国民党的青眼和支持。两者都是极其糟糕的互换合约——不同的仅是这种交易在华尔街已经很完善了。现在，台湾银行家们聘请华尔街的 "专家" 们来帮助他们设立骗局。

一艘船是一项单一资产，正常程序是在数家银行之间做一个船舶的联合贷款。而在TMT的案子里，贷款被分成了很多部分，以确保没有人能了解全局。他们清楚地知道什么是合法的，什么又是非法的。他们知道如何通过在不同的司法管辖区游走来避免法律的制裁。他们与巴拿马、利比里亚和马绍尔群岛的船只登记处及其在纽约、巴拿马、希腊和伦敦的办事处合作。他们聘用双时区的会计师事务所和法律事务所。除了国泰世华银行对Fortuna Elephant号的销售还有C Ladybug号和D Ladybug号的销售之外，其余贷款则全部被分割了。

最难处理的是A Ladybug号和A Duckling号，它们的贷款是100%由兆丰银行贷给新买家的单笔贷款。A Duckling号被卖给了香港的SC洛伊，他们凭着兆丰银行的融资，成为了另外10艘船的买家，获取了巨大的财务收益。我于2014年2、3月在香港拜访了该公司，发现了他们是通过与德意志银行和纽约的索路斯资产管理公司（Solus Asset Management）的前同事联系而拿到这笔好交易的——一位现在在410公园大道（Park Avenue）经营一家对冲基金的前同事。你看，A Duckling号的贷款协议需要被遮盖起来，所以它落到了SC洛伊的手上。换句话说，SC洛伊一文不费地获得了它。

让我们再谈谈SC洛伊。这家公司创立于2009年金融危机之后，创始人是几个从德意志银行辞职的问题债务交易员，他们在香港成立起了这家专业投行。SC洛伊专门从事亚洲地区的问题债务及非流动资产投资业务。自金融危机爆发以来，此类资产的投资在银行和对冲基金中间日益流行。米歇尔·洛伊（Michel Lowy）和李素天（Soo Cheon Lee）共同创立了这家公司。李素天估计，亚太地区（不包括日本）问题债务市场总额高达1000亿美元。米歇尔·洛伊和李素天此前德银亚洲问题债务团队的负责人，并帮助嘉吉（Cargill；美国的一家农业巨头，后面我会在提到B Max号船时再详述有关信息）削减问题债务对之的影响。1997年亚洲金融危机之后，他们一直从事问题及非流动资产的交易。

作为在1999年为德银创立亚洲区问题债务业务的重量级人物，洛伊从该行辞职时曾引起轰动。在他的领导下，该团队曾被认为是亚洲区问题债务交易和投资领域的中坚力量。尽管陷入困境的公司贷款和债券交易的不透明性使得该行业数据难以获取，但业界人士都表示，投资银行和对冲基金一直在积极进军亚洲市场，寻找价值被低估的债务来进行投资。这家新投行共有14名员工，其中半数是追随洛伊从德银转来，包括首席运营官切坦·巴喜（Chetan Baxi）、发起及特别情况负责人罗伯特·利普索（Robert Lepsoe）等。其中有9位员工也是股东。他们最初专做澳大利亚的杠杆收购债务业务，并将之卖给银行和对冲基金。他们还投资于日本的问题银行贷款组合。有机会的话，他们还在亚太地区进行不良资产的交易。因此，你才会看到在TMT破产重组案中的秃鹫围观的场景。

艾斯本·克里斯坦森和埃文·弗莱申都与克拉克森船务公司（Clarksons）的安迪·凯斯（Andy Case）以及香港克拉克森有合作关系。在出售A Duckling号的前一周，日本的商船三井株式会社（Mitsui O.S.K. Lines）以2800万美元的价格出售了一艘类似的船。我有一个竞标者以高于大韩海运（SC洛伊的 "客户"）100万美元的价格竞标，但是弗莱申却按照他在SC洛伊的朋友的请求拒绝了更高的出价。就我看来，这明显是利益冲突的一个例子。同样，自2008年以来，修华及柯塞尔法律事务所一直是星散海运的法律总顾问。他们同时也是现代重工、现代三湖和现代尾浦造船（Hyundai Mipo Shipyard）的律师代表。这些明显的利益冲突变得日益严重，因此现代集团的索赔详情是由纽约高伟绅法律事务所完成的，我认为这是为了掩饰这种利益冲突。从这里你可以看出，一张阴谋和欺骗的蛛网正在编织，企图混淆是非、颠倒黑白。

接下来，该计划的最大风险是法官允许船舶重新投入工作，从而产生收入——2,000万美元的DIP贷款主要被用作支付艾睿铂和布雷斯韦尔的法律费用，而从没有用在其原定目标上，即移动船舶或运输货物，仅有一次航行例外。第二个困难是，要确保船舶远离作为指定债务人的我，苏信吉Nobu　Su。让我解释一下，指定债务人（Debtor designee）应该在债务人律师的指引下管理破产重组事宜，因为债务人律师并没有足够的业务经验来执行这项操作。然而，在TMT的破产重组申请过程中，布雷斯韦尔的埃文·弗莱申却决定单独行动，独自处理所有的业务。我的意思是，我可以盘活船舶业务，如果因此而有收入的话，那么整个计划可能会暴露。所以关键是要把TMT控制权从我手中拿走。

为了达成这个目标，希腊船东们自2008年以来一直散播谣言，而我相信帕帕斯、修华及柯塞尔法律事务所等均有煽风点火的嫌疑。 2013年11月，《贸易风（TradeWinds）》和其他航运刊物均对此有所报道。

以下是报道的内容：

"美国财政部海外资产控制办公室（OFAC）曾宣布B　Whale号轮违反了美国对伊朗实行贸易制裁的规定，但后来此项指控被取消了。 B Whale号轮在是休斯敦按第11章申请破产程序的一部分，因此该船在2013年8月至9月期间（具体事件未明）违反贸易制裁规定时受美国司法管辖。当时的贸易制裁禁止与伊朗国家油轮公司（NITC）进行交易，但海外资产控制办公室发现B　Whale号与伊朗国家油轮公司的超大型油轮Nainital号进行了船到船的转运，从该船处接收了多桶凝析油原油（注：凝析油不同于原油）。它还声称B　Whale号试图隐瞒交易的证据。而事实上，从2013年5月起，根据双边协议，A Whale号轮和B Whale号轮已经闲置了12个月。"

当此假新闻被报道时，埃文·弗莱申要求我在那个周末前往休斯敦的兰开斯特酒店与他见面。他对我危言耸听道，应该放弃对整个TMT舰队的控制权以免锒铛入狱。当时我在美国，对正在进行的破产重组案的各个方面都是云里雾里、无所适从。我当时真的以为他关心我的利益，并且真心想让我免受牢狱之灾——所以我依他要求做了。当时我并没有发现他和布雷斯韦尔法律事务所都已经收到了美国兆丰银行（洛杉矶工商银行和纽约工商银行）的转账汇款，直到2016年进行调解时。所以，当我后来试图介入调解时，法官并没有允许。

"苏信吉，你出局了！"

然后他们继续进行秘密会谈，而我只能在门外徘徊。

最后，由于B Whale号轮的资产已经在破产重组中被清算，海外资产控制办公室裁定，判其违规是恰当的，而不是罚款或对我本人的任何指控。所以我没有入狱的危险，埃文·弗莱申之前一定欺骗了我，好让我放弃控制权。律师埃文·弗莱申、查尔斯·凯利、查尔斯·施赖伯，还有一位在前文我提到过的布莱克先生（我已经提到后两者分别供职于在纽约和华盛顿特区的DIP贷款人法律事务所温斯顿法律事务所）似乎一直在一起工作。这场好戏可以媲美百老汇或伦敦剧院区的戏剧！

这个故事离经叛道，却只是一个精心策划的冰山一角。

确实疯狂之极！

我相信"伊朗事件"仅仅是兆丰银行和星散海运针对我而设计的众多阴谋中的其中一个而已。所有法律顾问团队，还有万泰团队，在其行政长克里斯·迪克拉尔的领导下，与维达尔·马丁内斯法律事务所一起在休斯敦南区破产法庭四楼的破产重组案中共同协作。他们狼狈为奸、互相勾结——甚至连艾睿铂也似乎出卖了我。丽莎·多诺霍也开始用"敏感信息"的藉口不把我放在其电子邮件的抄送名单里，尽管她是我最初聘请的财务顾问。律师们来了又走——在某处消失了，然后被其他人取代。这是一个"旋转门"式的诉讼过程，每个人都狮子大开口地收费，每个人都想毁灭苏信吉和TMT以分一杯羹。就像一场音乐会，他们合作无间地演奏着乐曲，但是指挥的指令却是从外面发出的。

台湾银行在2013年10月出售了大部分贷款。所有行动都得在2013年12月至2014年1月期间完成。银行一致行动，清理留在文件上和计算机里的财务线索，隐藏真正的利润或损失。如前面所打的比方：哪里有管弦乐队的演出，哪里也必定有一个指挥。那么，指挥是谁呢？

台湾四大银行的会计师们一定非常忙碌。他们必须审阅处理超过40家银行的审计报表。但上海商业储蓄银行是私有的，它与国民党和中国台湾投资基金有一百余年的合作历史，而后者创设了一个特殊的制度。它的纽约办事处位于第55街，在公园大道和列克星敦之间，距离索路斯资本管理公司和德意志银行的问题产品部仅一百米。他们是很大的助力，因为香港办事处负责在台湾、中国和纽约之间为其最佳客户——中国投资基金处理大量资金往来。

所以，兆丰银行和国民党完满地完成了他们的任务——或者至少他们聘请了足够的专业人士为他们效劳。至于那些没有被他们雇用的人，他们肯定受到了贿赂或者威胁。他们行使了所有他们能支配的国际上的权力，而这些权力是多年来国民党王朝在台湾当政时篡夺了我国的资源而积累下来的。

图10.1位于香港中环的摩根大通写字楼

第十一章

破产重组中的逆向工程

指令之链似乎从破产重组案中消失了。这就是为何我称之为"逆向工程",我的意思是,没有了国民党王朝这头巨兽之首,其余的部分消失在障眼的烟幕之林中。之所以我要申请破产重组,是因为我不愿意重蹈2008年金融危机时被苏格兰皇家银行和摩根大通联手欺诈的覆辙(详情我在拙作《东方金客》中已有详述)。我也想不明白为何我要支付邢献慈 2000万美元来把TMT从兆丰银行和国民党的魔掌之中拯救出来——于是我开始申请根据美国破产法第11章申请破产重组。

我相信橡树资本台湾海峡控股有限公司、SC 洛伊、德意志银行、麦格理银行等呈现"三角式"的关系。今时今日的阴谋常常涉及数字犯罪以及如何避免在电脑网络中留下痕迹。国民党阴谋的模式和方法与此类似,也就是,它不可能仅通过两方勾结而产生;随着时间推移,它必须有三方或多方参与形成三角式关系,在数个阶段中提供不同文件。

让我再解释清楚一点——阴谋者留下的模式和痕迹当时应该已经被伪装起来了,所有的关系和阴谋都被遮掩了。然而,随着时间的推移,遮掩的烟幕上出现了空隙,犹如隐藏的竹帘中出现了缝隙。常言道:"多行不义必自毙",恶行迟早会被发现。打个比方,很多在过去未能将真凶绳之于法的罪案现在正通过DNA的发现而得以破案。同样地,我每天都有新的发现,而我会将其全部揭露 ——包括罪行和伪装!

我们来看看已知的事实。这个计划的目的是掩藏从台湾流向海外的资金。虽然我们不知道这个计划的细节，但有三种方法可以实现其目的：

1）资金流出发生在正常的商业交易过程中；但资金一旦流出，就被用作非法用途。

2）资金流出没有按正常方式产生，但这笔钱突然以正常方式出现在海外账户中。

3）资金流出和在海外账户出现的方式均不正常——两者均是异常和可疑的。

在兆丰银行的案子里，我相信选项3是其达到目的方式。资金通过互换合约（Swap）流出，但是资金来源并不明确，所以巴拿马和纽约之间一定会有另一次互换——这难道就是洗钱丑闻被纽约金融服务局发现并被罚1.8亿美元的原因吗？

这就是为什么总金额变得如此之大——重复计算。我怀疑兆丰国际商业银行纽约分行于2012年至2014年在幕后操纵着一切。兆丰纽约分行的银行代码（SWIFT code）为ICBCUS33，其地址与台湾的前中国国际商业银行的地址相同。中国国际商业银行是台湾的美元结算中央银行，位于1902年建成的大楼里，为商会原址。因此，台湾中央银行也可能被卷入了这场丑闻。如果是这样的话，那么肯定会有更多的银行参与进来，比如华南商业银行，第一商业银行，彰化商业银行和台湾土地银行——甚至有可能由政府控制的八家银行全部都以这种或那种方式参与其中。金融调查人员罗伯特·塞登（Robert Seiden）曾告诉我，他从来没有看到过有如此之多的银行共同协作并参与同一个案子的案例，即使是在纽约这个有着最复杂的美元清算系统的城市里。

但这种特殊模式仍在继续进行。国际交易有着在同一天完成交易的惯例，即使时差达十二小时。然而在这个案子里，交易并没有在同一天完成。为什么需要两天甚至三天才能完成呢？这在银行的资产负债记录中是行不通的。此外，无论是卖方还是买方，都没有遵守授权委托书的规定。大多数遵守规定有么对摩根大通或麦格理银行有利，要么对德意志银行有利。

我从一位银行业界的专家处收集到了一些信息，他清楚地告诉我，摩根大通银行有超过4000万美元的交易需要审核以及法律部门的参与才能保持其部位（持仓量）。然而，我并没有看到过这些文件——那些数量少之又少的文件没有提供足够的信息来区分是贷款更替还是转让。

看到这么多的质量上乘的好船以其真实价值的30%到50%贱卖，我伤心不已。造船厂没有施予援手，而律师所不停地收取巨额费用。银行开设了超过16个保留账户，而我无法以指定债务人的身份接触这些账户。他们不在乎我的船舶设计中的特殊功能，也不在乎这些船舶能大有所为。更令我感到意外的是，对这些船舶了解甚深的劳埃德船级社（Lloyd's Register）竟也不愿意证明估价。TMT义无反顾地为了全世界的福祉而到墨西哥湾除油，即使在此漏油灾难中存在着分散剂问题。由于只有A Whale号轮可以做到这一点，我允许全世界的人们免费使用我发明的此项技术。但是，对于休斯敦的人们来说，A　Whale号轮的故事并不重要——他们对搜刮漏油不感兴趣，只对搜刮金钱另眼相看。

我对TMT被分裂深感痛心。我后来发现万泰钻油公司早在2013年11月就向其律师维达尔·马丁内斯发送了一封电子邮件，称TMT帝国正在崩溃。他们怎么知道这一点的呢？马丁内斯法律事务所和万泰钻油的董事斯坦纳·汤姆森（Steiner Thompson）还向万泰所有的董事发送了数封电子邮件，指苏信吉Nobu　Su的航运帝国将被摧毁。这表明了国民党的计划必定在2013年11月前就已经准备好了，所有人都知道了破产重组救不了TMT，反而会摧毁TMT。它表明了多个律师在幕后互相勾结。我还收集到了来自帕帕斯（Petros Pappas）、Ken Leung、安迪·凯斯（Andy Case）等人的电子邮件，详细说明了他们是如何与修华及柯塞尔法律事务所和克拉克森船务公司合作的。我还相信连法官都可能已经知道了一些蛛丝马迹，因为他试图阻止我看电子邮件。

就这样，截至2014年1月，各方势力都站在统一战线上了：

1）代表兆丰国际商业银行和中国信托商业银行的美亚博法律事务所要出售船舶并从中抽身。

2）上海商业银行要出售船舶，并且需要隐瞒2011年至2013年间在台湾、香港和纽约发生的洗钱活动。

3）律师维达尔·马丁内斯与各方进行沟通，试图从法庭上买断价值5000万美元的万泰股票，从而能在破产重组案中摧毁TMT。

4）埃文·弗莱申是债务人律师，他为布雷斯韦尔与朱利安尼法律事务所谋取收益。

5）阿尔伯特·斯坦因和丽莎·多诺霍从艾睿铂处消失无踪。

6）蒂凯油轮公司的CEO彼特·埃文森向AMA投资公司（AMA Captial Partners）表示埃文·弗莱申将无法重组，"他会把你卖给对冲基金"，这也正是之后发生的事情。

这个破产重组案非常奇怪。奇怪之处在于不是橡树资本或者君上资本，而是星散海运来购买TMT的船舶。他们的法律顾问是修华及柯塞尔法律事务所。承建了所有的船舶的现代集团的法律顾问也是修华及柯塞尔法律事务所。无担保债权人委员会的法律代表也是修华及柯塞尔法律事务所。所谓的"秃鹫基金"齐聚一堂，以不同的名义参与了整个阴谋。我也相信他们与台湾银行的律师互相勾结，而这一切都在帕帕斯和周美青夫人的指令下进行。

其目标是：

1）尽可能多地赚钱。

2）隐藏国民党王朝的逃亡计划。

3）接管TMT并迫使我离开。

4）摩根大通、星散海运、克拉克森、艾睿铂、现代重工、国泰、科特兰资本、上海银行、永丰银行，台中银行等尽快销毁勾结的证据。

现在，他们认为我现在孤掌难鸣，因为船舶开始被逐一出售。这似乎表明始作俑者帕帕斯赢了。然而，从那以后我看到了帕帕斯与橡树资本的Ken Leung，摩根大通的珍妮弗·博克斯（Jennifer Box）以及奥纳西斯（Onassis）基金会的兰迪·雷伊（Randy Ray）之间往来的电子邮件。

以上皆有定罪的可能。

2014年2月，我损伤了我的背部，无法出行。在那以前，我于六个月内在台北和休斯敦之间往返了超过十次，并且由于携带了太多沉重的文件而使身体超负荷。我最终无法动掸，只好留在香港与香港德勤公司合作，以便对破产重组案进行评估，并为对冲基金收购剩余的船舶做准备。

在每年春季和秋季，航运会议都会在纽约和康涅狄格州定期举办。我在其中一次会议上接触到一位前摩根大通银行的银行家，他曾在迈阿密与蒂凯油轮的彼特·埃文森和奥纳西斯基金会的兰迪·雷伊合作过，还与阿尔伯特·斯坦因、丽莎·多诺霍以及AMACEO皮特·伦德（Peter Lund）合作过。这些人是大型航运会议如资本链接国际航运论坛（Capital Link）、康涅狄格航运会议（Connecticut Shipping）和航运金融会议（the Marine Money Conference）等的主要发言人。这位银行家告诉我，航运金融世界"是一个充满了极度贪婪的人的小圈子"。我要是能早知道这一点就好了。

香港德勤尽力提供帮助，但所有的努力都白费了，因为埃文·弗莱申不愿意合作。国民党王朝很可能给他钱让他这样做，因此他并不愿意挽救TMT的船队。香港德勤把多家香港对冲基金介绍了给我，大部分基金都认为TMT破产重组案非常奇怪。他们发现该破产重组案的信息对外界人士来说太少而且太封闭了，似乎是为了防止外部人士提出要约或疑问。

当我因病被困香港时，埃文·弗莱申签署成为指定债务人，没有人告诉我他在做什么。最大的骗局是上海银行和B Max DIP之间的B Max号轮的债务转移，其原因不明。最后，B Max的债务由名叫嘉沃投资（CarVal Investors）的一家全球另类投资公司向中国法院支付——这是一件非常奇怪的事情。我将在下一章详细介绍B Max号轮案。

图11.1驻纽约台北经济文化办事处——台湾国旗悬挂在室内而不是室外

第十二章

出售整支船队

2014年4月，国泰世华银行向芝加哥的科特兰资本（CORTLAND CAPITAL MARKET SERVICES）以一美元的低价出售了价值2000万美元的贷款。一般来说，贷款的售价应该与贷款金额成正比。而这笔贷款售价仅一美元——这是没有道理的。此外，国泰世华银行陈董事长在贷款文件上盖了章，而在台湾，惯例上董事长从不在贷款文件上盖章。

国泰世华银行的董事长是台湾一家小型银行、世华联合商业银行的前任董事长。像这样的不道德的事情发生了——一家小型银行可以收购一家大型银行，然后小型银行的董事长成为了大型银行的掌权人。此案中的董事长年已七十，会说日语、台语，中文和英语，跟我一样。他购买了一个发电站和一个高尔夫球场而没有付钱——所有这些都得益于破产。

Fortuna Elephant号船以8800万美元出售，但F Whale号船拥有最先进的电脑引擎，却以7800万美元的价格卖给了奥纳西斯控股（Onassis Holdings），远低于其真实价值。该船的贷款总额仅为6800万美元，这意味着有1000万美元的权益。而涉及船舶销售前小额基金的出售和购买，以及在马绍尔群岛的价值为2000万美元的二次抵押贷款的欺诈详情从未披露过。埃文·弗莱申以指定债务人身份签署登记了这笔2000万美元的贷款，并在2014年7月将该船交付给奥纳西斯之前将其清还。

对TMT船舶贷款感兴趣的唯一"外部人士"是嘉沃投资（CarVal），它是美国明尼苏达州嘉吉公司

（Cargill）的子公司，在新加坡设有办事处。　　　嘉沃基金名为韦扎他银行、金融和保险业务（Wayzata Banking, Financial & Insurance），它在2009年参与了万泰钻油的第一台自升式钻井平台的融资，利率为23％。它于2016年12月15日从高雄银行手中以每艘船175万美元的价格从高雄银行手中购买了TMT的债务，这个价格仅为贷款价值的70%，当时非常具有吸引力。当时高雄银行的董事会反对这笔交易，但由"大姐"周美青夫人提名的银行董事长强行达成了这笔与嘉沃投资的交易。

这些资产都是小型便利型船舶，名字分别是A Handy号，B Handy号和C Handy号，以及一艘名为B Max号的较大型巴拿马型散货船。这些船舶的贷款最初是上海商业储蓄银行和其他台湾银行的联合贷款，他们对破产重组感到恐惧。

真实的情况是，自1920年代初以来90多年间，上海商业储蓄银行一直是国民党的私人银行。这是一家小型银行，由持有特殊银行牌照的公司私下持有。在兆丰国际商业银行洗钱丑闻曝光后，上海商业储蓄银行也参与了C Whale号，D Whale号，E Whale号和F Whale号贷款的销售。

上海商业储蓄银行丑闻始于2011年6月，当时他们开始将大量资金从台湾转移到德意志银行的华尔街分行。后来我发现上海银行为了修改TMT贷款和洗钱而故意降低利率费用。特别是，该银行使用签名贴纸，然后利用TMT贷款来对合同进行主要修改（向受益人支付），在德意志银行设立自己的账户。最糟糕的是最后的修正文件，他们把他们自己在德意志银行信托基金的银行账户打印在受益人一栏上。而苏格兰皇家银行和摩根大通银行也曾用相同的伎俩，利用TMT的远期运费协议的结算所名称，设立了一个普通的美元储蓄账户。这在拙作《东方金客》中已有概述。基本上，它劫持了客户的名字来自由控制资金的流动。

经过调查，我发现上海商业储蓄银行香港分行曾与一个来自纽约的业内精英会面，很可能讨论了如何销毁2011-2012年间洗钱活动的证据。涉及此事的人员主要来自美国、伦敦和香港的德意志银行的问题产品部门，但他们事后并没有把痕迹都处理干净。你能猜出这些前问题产品部门人员是谁吗？是的，当然，又是我们的老朋友SC洛伊。

当航运业专业报纸《贸易风（TradeWinds）》刊登了一篇标题为《TMT和嘉沃开始为四艘TMT船舶进行重组》时，我并不知道很多事实，而这些都是我后来才得知的。当时我正在台北准备四艘汽车滚装专用船（RO-RO / PCTC）的计划，因此当TMT接受成为50%/50%并拥有否决权的合资企业时，我也没能参加。顺便说一下，汽车滚装专用船计划能几近完美地全部偿还1亿美元的债务，但如前所述，法官拒绝了这一计划，并且允许16艘船以异于平常的条款获得了2000万美元的二次抵押贷款，除了C Whale号船。至于为什么它被允许把日期倒签到2013年6月20日？还有为什么有必要为每艘船增加2000万美元、总共3.2亿美元的二次抵押贷款，而该DIP贷款金额仅为2000万美元？法官从未就这些问题发问。

与嘉沃的交易获得了法院批准，非常振奋人心，可以说有划时代意义，尤其是之前在2014年6月8日伊斯古尔法官驳回了四艘汽车滚装专用船计划。然而，嘉沃似乎在批准过程中在协议上实行欺诈。埃文·弗莱申、查尔斯·凯利、丽莎·多诺霍，艾斯本·克里斯坦森和两名嘉沃的总经理带着他们的律师在嘉沃的母公司嘉吉的伦敦办事处会面。我相信他们故意改变了向休斯敦破产法庭提交的条款，让TMT接受49%/51%并且没有否决权的合资条款。我试图向伊斯古尔法官解释这件事，但他不听我说，因为所有律师都有我认为是伪造的证据作证。到了这个时候，我才知道法律事务所，甚至是法官，都可能被外部影响操纵了。

C显然，嘉沃能够洞悉TMT破产重组案的进展，并采取相应行动。新加坡嘉沃的航运总经理是一个好人，我们在汽车滚装专用船计划被伊斯古尔法官拒绝之后进行了短暂的谈话。很明显，他了解航运，也了解有着独特设计的TMT船舶的真正价值。在破产重组失败之后，我在新加坡文华大酒店的顶层遇见了他。我开门见山地跟他说：

"为什么嘉沃撒谎，还改变了向法庭提交的条款？"

他沉默了一会儿，然后他提出了一个奇怪的提议
"你能卖掉你的部分吗？"

我感到震惊，但从这位金发的西方商人的眼睛里很清楚地看出他在竭力隐藏什么东西，并且他承受着压力而不得不这样做。

后来，我发现嘉沃购买的全部四艘船贷款的85％所有者在马绍尔群岛登记处登记了，而其他15％的所有者无法识别。这笔贷款转让给了索路斯有限公司（Solus Limited）和大师基金有限公司（Ultra Master Fund Ltd.），这两者都属于现位于纽约上海商业储蓄银行办公室附近的公园大道410号的索路斯资本（Solus Capital），其负责人是德意志银行问题产品部门的前任负责人。怎么可能有85％贷款所有者在马绍尔群岛——那其他15％在哪里？德意志银行问题产品部门的前"明星"们又是如何参与其中的呢？

由于著书期间我们还处于诉讼之中，答案将在不久的将来揭晓。

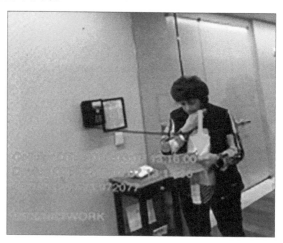

图12.1 向位于曼哈顿的索路斯资本送文件，但是他们拒绝接受

正如我们所见，布雷斯韦尔与朱利安尼法律事务所的埃文·弗莱申正竭力以低于市场的价格贱卖一支如此现代化的TMT船队。这笔2000万美元的二次抵押贷款乘以16等于总共3.2亿美元，这个疯狂的计算方式令人想起了得克萨斯州曾经那无法无天的 "狂野西部"时期。 DIP贷方（麦格理）拥有的权力如此之大，完全摧毁了破产重组提案，以保护它自己及同谋的利益。甚至连伊斯古尔法官也被蒙在鼓里，相信了美亚博的查尔斯·凯利。美亚博代表的是兆丰银行和中信银行的利益，这两者都是国民党X计划的主要煽动者。

埃文·弗莱申本应代表TMT的利益，但我相信他欺骗了我，使我放弃了控制权并被排除在决策过程之外。 2014年4月，弗莱申建议我聘请新律师。他一定知道了我怀疑他与兆丰银行勾结——同时代表我方和他方，这是严重的利益冲突。阴谋诡计层出不穷——在B Max号，三艘Handy号船和Whale号船被售后，我看到了能证明克拉克森的安迪·凯斯和帕帕斯均与橡树资本和君上资本有所牵连的电子邮件。那时我已聘请了得克萨斯州的胡佛斯洛瓦切克法律事务所（Hoover Slovacek LLP）。

申请破产重组就像跑马拉松一样。你永远不知道每天会发生什么，甚至每小时会发生什么。法官享有巨大的权力，律师很享受花光他人的钱。 TMT已经付了1.2亿美元来保住这些船舶，而所有的保留金已经用完了，加上价值5000万美元的万泰股票和2000万美元的DIP贷款，总市值高达7000万美元。然而，尽管如此，还是没有人做任何事情来帮助TMT创造收入，让它有未来可言。他们只会笑着袖手旁观，从我的公司里榨干我最后一滴血汗。

胡佛斯洛瓦切克法律事务所提出了我的超级油轮和矿石运输船的底板管道专利问题。在墨西哥湾除油的A Whale号轮是当时，即2010年4月，世界上唯一一艘有着如此独特设计的船。 该法律事务所的律师迪尔格·布朗（Deirdre Brown）马上着手加快申请破产重组的程序，很快得出了一个结论——将其程度往轻说：此案存在着许多不合乎规定的地方。贷款是如何转到摩根大通、SC 洛伊和麦格理银行的尚不清楚。北美摩根大通在台湾有着公开信息，但其参考信息、地址、电话号码或签名跟贷款交易文件中的任何信息都对不上。迪尔格·布朗向休斯敦破产法庭和伊斯古尔法官都申明了这一点。法官对此感到不自在，因为他跟银行家的律师代表，DIP贷款人，甚至是埃文·弗莱申的关系都非常密切。

下一个退出申请破产重组舞台的是修华及柯塞尔法律事务所——不过他们不是自愿离开的，而是因泄露信息而被法官解雇了，他们的法律费用被充公。对此我丝毫不觉惊讶。还有其他很多人都应该被解雇，甚至被送进监狱！

然后，代表兆丰银行和中信银行的美亚博法律事务所的查尔斯·凯利也突然离场。之前他还为能在保护台湾银行的同时赚取数百万美元的法律费用而感到沾沾自喜。然后他就逃跑了。我曾问起为什么他离开了，别人告诉我他犯了一个归档错误，具体细节无可奉告。在我看来，那些律师都在获利离场。这既因为已经无利可图了，又因为他们担心他们的非法勾当会被发现。

后来，我跟迪尔格·布朗的合作表明了她是美国最好的破产律师之一。她依法办事，非常勤奋。我的对手们很不喜欢她，但那又怎么样呢？只要她依法完成工作，他们就无能为力。正是她发现了修华及柯塞尔法律事务所的布鲁斯·保尔森（Bruce Paulson）将破产重组案的信息泄露给了外人。据我们所知，这些信息被泄露给了星散海运的总裁哈姆什·诺顿（Hamish Norton），然后是希尔·迪金森法律事务所（Hill Dickinson LLP）还有受聘于现代重工集团的高伟绅法律事务所（Clifford Chance LLP）。

韩国现代重工拥有世界造船能力的10%，是韩国全球最大的造船厂。他们聘用了修华及柯塞尔法律事务所处理全部16艘船舶的贷款协议。然而他们全程保持沉默，不愿意上庭解释TMT的Whale号轮系列、Elephant号轮系列和Max号轮系列设计的独特之处和相应的价值。他们是无担保债权人委员会的领头人，在破产重组案中掌握话语权。他们本可以帮助TMT。但是相反地，他们的法律事务所修华及柯塞尔被判定违法而受到了法官的惩罚。　现代重工在马耳他将B Ladybug号拍卖，并决定保持低调，直至风头过去。考虑到TMT在2006年至2013年期间给了现代重工价值超过26亿美元的船舶订单，你一定会很奇怪：为什么会没有人来作证？

答案将会在我的下一本书中揭晓。该书将揭露韩国重工、可能还有保留账户的故事。资金是在哪里以及如何移动的？

笔者在此声明，除了现代重工在破产重组案中提出的金额为1.87亿美元的索赔（这相关文件由高伟绅法律事务所在下午5点人工交付到中西部的EPIC办事处）之外，只有6000万美元是用于TMT的无担保贷款本身。因此，TMT对无担保债权人并没有很大的债务，并且在申请破产重组之前就已经向大部分公司偿还了债务，这是可以证明的。

星散海运的股东用的信用投标（Credit bids）是一种有利于贷款人而不是其他潜在买家的购船系统，潜在买家有可能要准备好付更多钱。销售过程看起来很公平，但在美国，贷款人可以匹配出价最高的投标人的竞标，然后接管船只并只支付贷款的金额——此金额几乎在所有情况下都低于船舶的真实价值。所有的Whale号船都是通过信贷投标出售的，除了在南非拍卖的E Whale号轮和在新加坡拍卖的C Whale号轮。

最大的骗局是帕帕斯的产品运输和交易公司购买E Whale号轮。　埃文·弗莱申将截止期限延长了三天，并且不允许该船出售给其他最高竞标者。　橡树资本和君上资本购买了所有的Whale号船，但是隐藏了他们为谁购买这些船舶。这些钱去了兆丰银行，没有到破产重组案中，而是被汇进了包括巴拿马和美国在内的世界各地的国民党账户。这就是每月提交的其运营报告苦苦掩藏的秘密。

当所有船舶都被售之后，涉案的众多律师要求与胡佛斯洛瓦切克法律事务所达成和解。他们聚集在法庭外面。我看到有埃文·弗莱申、查尔斯·施赖伯、还有宝维斯法律事务所和高伟绅法律事务所的律师等大约50人。

"如果苏信吉先生同意不起诉任何人，我们将会原谅他所有的个人责任。"

胡佛斯洛瓦切克法律事务所的爱德华·罗斯伯格（Edward Rothberg）向我解释说，我可以就该案中的合法的问题打官司，也许会赢，但这样做会花钱。我决定不和解。

起初这个决定看起来并不理想，但在几年后事情开始改变。在2016年夏天，兆丰银行的丑闻被曝光了。迪尔格·布朗打电话给我说她有重大消息。兆丰银行因违反洗钱法而被罚1.8亿美元、伍鲜绅（Samson Wu）的虚假新闻以及其他兆丰银行的丑闻每天都在台湾电视上播放，即使国家控制着宣传网络。我慢慢意识到并不只一家银行出现了腐败，而是整个台湾银行体系都被腐败侵蚀了。直到2018年，我才发现现代重工在索赔细节上作了假。

外，2000万美元的二次抵押贷款也需要处理好给新买家。利比里亚和巴拿马的登记处有2000万美元的抵押贷款，但其日期被倒签了，这种做法无疑是欺诈。正如我之前所说的，一些律师在没有授权委托书的情况下更改了贷款的条款。

尽管有些问题因为仍在诉讼中而不能在这里被揭露出来，但是我还是要向公众披露这个世界上最糟糕的破产重组案中的一些事情，来为其他考虑走破产重组路线的企业敲响警钟。汲取我的教训！

太多的疑问需要解答：会计欺诈、共谋勾结、秘密操纵、资金通过银行代码ICBCUS33 转入洛杉矶和纽约的账户等等。我在本书中详解了其中一些疑问，但我的调查仍在进行中，更多的答案将在我的下一本书中揭晓。

我，永不退缩！

12.2 2017年，嘉吉因在互换协议交易中误导价格被罚款1000万美元

图12.3 路易达孚商品贸易公司（Louis Dreyfus Commodities）

第十三章

话剧：B MAX

我在上一章中提到了B MAX号轮，它的故事简直可以写成极具戏剧性的电影剧本。于是我就这样做了——把它写成电影剧本。这是我能想到的能准确描述此案涉及到的精心策划与勾结的唯一方法。您对演员阵容应该不会陌生，因为大多数角色已经在前面的章节中提到过。虽然我没有足够的证据来证明他们狼狈为奸到如何地步，这里的对话部分也非常粗略，但在我看来，这些事实足以让人严重质疑并将他们入罪。

图13.1 纯戏剧

概要

路易达孚（LOUIS DREYFUS）公司是一家全球性企业，业务范围包括农业、食品加工、国际航运以及金融业。它拥有并管理对冲基金和远洋船舶，经营房地产的开发、管理和所有权，是主导世界农产品贸易的四大公司之一。

路易达孚公司的农产品贸易流量占世界总农产品贸易流量的10％左右。该公司也是世界上最大的棉花、大米和糖贸易商，并且正在快速扩大成为世界上第三大铜、锌和铅精矿贸易商。　路易达孚控股公司总部位于阿姆斯特丹的世界贸易中心，并在100多个国家设有办事处，主要办事处设立在在纽约、伦敦、北京、巴黎、日内瓦、布宜诺斯艾利斯、圣保罗和新加坡。

路易达孚和其他三个主要的粮商控制着世界粮食贸易的70％，曾和一些中国贸易商一起密谋将因货物起火而受损后有毒的大豆用船运输出去，即使他们明知道这是刑事犯罪。该犯罪行为涉及到劳合社（Lloyd's of London）保险人行为的合规性以及破产律师们隐藏并销毁证据来私下解决问题的阴谋。

此案还与2012年的反洗钱案有关。虽然证据已经被删除了，但出售船舶的方式令人质疑这三个主要粮商和位于纽约的国际银行之间有没有相互勾结。

谎言一旦开始，就必须继续，然后用更多的谎言圆谎——甚至你在美国法庭宣了誓。

这个故事完全是真人真事！

背景故事

A MAX号轮和B MAX号轮是2011年至2013年期间由现代三湖船厂建造的9艘船中的前两艘船。

有着84000载重吨位的B Max号轮是由本人苏信吉设计的最大的巴拿马极限型船。它非常适合从巴西向中国运输谷物，特别是大豆。

　　A　MAX号轮是第一艘完成了第二次航行的中国包租船（由新加坡太平洋散货航运公司承租）。　2013年6月，B　Max号轮正停泊在巴西的桑托斯港，它被同一包船公司承租，正等待着其处女航。

　　当TMT在美国申请破产重组时，相关消息在世界范围内迅速蔓延，路易达孚的CEO很快就听说了这件事。这个消息对他来说再妙不过了，因为他在之前与TMT签订的远期运费协议协议中赔了钱。他觉得这是一个针对并摧毁TMT的好机会。

　　巴拿马极限型船是一种能够通过巴拿马运河的闸室的中型货船。以下正是一个关于这样一艘船的故事，背景是史上最复杂、最有趣的破产重组案，人物包括全世界数百名律师。

场景：TMT 台湾办公室

2013年1月

一月，即在TMT提交破产重组申请的六个月前，张定华和两名中信银行代表要求我为船舶支付现金给国税局。这是一个问题——商业银行对Whale号轮的金融衍生品感兴趣。他们要我们在下违约通知前付款——此举类似黑手党的威胁。

张定华
如果你付钱的话，我们会帮你重组贷款。

苏信吉
为什么？

张定华
你付了钱，贷款就可以被重新购买，所得资金就可以成为另一个资金来源。

苏信吉
可是张先生，我们还没有拖欠您的贷款或中国信托贷款，为什么我们要这样做呢？还是说，它只是唯一一个建立新的贷款系统以隐藏"中国投资基金"染指TMT事实的方法？

张定华微微一笑，而中信代表则什么也没说。

苏信吉
请把你的同意书写下来。

他们拒绝了。

他们知道贷款那鲜为人知的背景吗？他们是2010年1月首批接触TMT并与洪国琳会面的银行代表。

转到

场景：台北TMT 办公室，8楼

2013年6月17日

兆丰国际银行国外部副经理邢献慈与苏信吉都在场。她的老板要求她查一下苏信吉上个月去过哪里。她联系了TMT的会计部，知道了苏先生频繁出访美国。检查他的私人飞机行程以及通过台湾移民局得到他的出入境信息不是什么难事。现在，沉默充斥了整个空间，邢女士看起来非常严肃。

邢献慈
我们上个月已经给过你建议了，那么，
你打算支付2000万美元吗？

苏信吉
不，2000万美元根本解决不了问题。

邢献慈
那你打算在美国根据《破产法》第11章申请破产保护吗？

苏信吉没有立即回答。相反，他盯着她的眼睛。她的脸扭曲了，变成了一张鬼脸。她是一位有影响力的女性精英，惯于我行我素。在苏信吉说话之前，沉默持续了一段时间。

苏信吉
我不会回答这个问题。为什么银行不
对这么好的资产施予援手呢？

她一言不发，转身狂怒而去，拉着她的下属李先生一起离开了办公室。

转到

场景：巴西桑托斯港口的T-GRÃO装货码头

码头发生了火灾，仓库里面的一批货物大豆被火烧坏了。消防灭火时水被洒进了筒仓，这导致了需要花很多钱才能在巴西把受损的大豆从中挑出来。

转到

场景：路易达孚日内瓦办事处

路易达孚CEO和总经理出场。他们看起来眉开眼笑。

CEO

笑一下！对我来说，这真是一件大喜事。TMT要完蛋了！快给我们的办事处打电话，了解一下TMT船舶现在的位置。

总经理

现在有一艘名为A Max号的船在我们的贸易商那里，正向中国运送大豆。他们说这艘船设计非常棒，能够装载很多货物并运出巴西......甚至可以运出阿根廷的谷物。

CEO

B Max号船正等着装货，对吧？

总经理

没错，它现在停泊在桑托斯港口附近。

CEO

把我们放在巴西码头那些被烧坏了的货物转移
到B Max号船上，你说这个主意妙不妙？

总经理

您在开玩笑吗？那货物有毒！

CEO

就按我说的做！

总经理

是的，长官。但我们必须要小心 ⋯ B Max号从两个码头装货，一个码头是我们的，而另外一个是一家合资企业。如果有人发现了这件事 ⋯ 我们这是犯罪行为。

CEO

别担心，如果有需要的话，我会和嘉吉、邦吉
（Bunge）和阿彻丹尼尔斯米德兰（ADM）谈谈。

这三家公司都是农业企业，同时也是路易达孚的竞争对手。总经理别无选择，只好指示交易商将那批货物卖给嘉吉，因此路易达孚不会成为此罪行的唯一罪犯。

转到

场景：位于巴黎的私人俱乐部

劳合社的一个代表正在享用一顿昂贵的晚餐。他的手机响了。他接听了电话。

劳合社代表
嗨，菲利普。有何贵干？

路易达孚 CEO
我们在巴西由于疏忽导致了一起火灾。你能帮帮忙吗？

劳合社代表
这种事我见多了。我们很乐意为您的业务提供
保险。您的印度仓库收购案做得非常出色，
希望我们能够在未来百年内继续合作。

路易达孚 CEO
被烧坏的货物大约有5,900吨。我找到了一艘船来装这些
货，还找到了处理的方法，这对我们双方都有好处。

劳合社代表
菲利普，您真是个天才。

路易达孚 CEO
只需把货物混在一起而已 … 跟往常一样，2%？

在这个巴黎私人俱乐部吃完晚餐后，劳合社代表乘坐高速列车从法国的巴黎北站回到伦敦的查令十字。这对他来说是一段非常舒适的旅程。

转到

场景：新加坡的嘉沃（CARVAL）投资办公室

嘉沃是全球另类资产管理公司，并且是嘉吉的100%基金的管理公司。

苏信吉了解这家公司 ——他们参与了万泰钻油的第一台钻机的融资。 2009年，他们在总金额为1.6亿美元的融资方案中收取了22%的利息。 万泰并没有赚到很多钱，因为所有的收入都是来自韦扎他（Wayzata，嘉沃的一家子公司）。 在苏信吉的领导下，TMT成功融资后在新加坡的PPL船厂完成了新钻井平台的施工。该船厂是是海上钻井平台设计和生产专家胜科海事（Sembcorp Marine）的子公司。

> 嘉沃 CEO
> 我们可以买TMT的哪些船？

> 嘉沃法律部人员
> 我觉得应该购买苏信吉的便利型级船队，包括
> B Max号轮和三艘便利型大型散货船。

> 嘉沃 CEO
> 它们能投入使用吗？

> 嘉沃法律部人员
> 当然。我们从贸易商那里听说，这些船是有史以来最
> 好的巴拿马极限型船，配有现代化的电脑引擎。

> 嘉沃 CEO
> 好，我们把贷款买下来。

> 嘉沃法律部人员
> 我们可以先接触高雄银行。他们持有一部分
> 由上海商业储蓄银行有限公司牵头的联合贷
> 款。七折就可以买到全新的船只。

转到

场景：日内瓦城堡（LE CHATEAU）餐厅

路易达孚总经理正与嘉吉总经理共进午餐。

> 路易达孚总经理
> 我们想卖给您一批价格便宜的巴西大豆。

> 嘉吉总经理
> 当然可以。价格多少？

> 路易达孚总经理
> 货物有一部分被烧坏了。我们需要把烧坏了
> 的大豆每次少量地逐次混进好的大豆里。我
> 们会亏一点钱，但是你会赚大钱。

> 嘉吉总经理
> 我们可以把这批货卖给中国的贸易商，他们一向喜欢
> 简单直接的回扣。他们可以包租B Max号船来处理。我
> 们用过A Max号船，那艘船有一些额外的隐藏空间。

> 两人
> 干杯！

转到

场景：B MAX号第一次停泊

船到了。船长是个中国人，他一直在喝酒。他认为这些货物都是正常的、干净的好粮食。装载了大量货物之后，他就可以直接回家。他已经在港口停锚等待了三个星期，看着其他的船只装货然后从他身边扬帆而过。他想赶快回家。

转到

场景：巴西桑托斯港口的T-GRÃO装货码头

码头负责人接到了路易达孚CEO的电话。

> TERMINAL GM
> 先生，您是说我们需要在B Max号船
> 上装载尽可能多的货物吗？

> DREYFUS CEO
> 对，这就是我们的安排。该船在破产重组
> 案里，我们不想留下任何痕迹。

> TERMINAL GM
> 是的，先生。

筒仓外面放了一些货物，因此至少可以说，这批货物的装载是不寻常的。 如果被人发现装载损毁的货物，那场重大火灾就会引起全世界的注意。唯一的方法是暗中逐次装载一些损毁的货物，改变船舶载重线并将其放在输送机系统的顶部。

码头负责人立即下令在当晚装货。

> 码头负责人
> 告诉代理商正在下雨，所以我们无法在白天装货 … 只能在晚上，从日落到日出。你知道允许额度是多少，对吧？

货物在被混合起来时有一个最高可达2%的允许额度，中国贸易商可以利用这一点做另一个保险骗局。他们可以在上面装载旧谷物，声称进水损坏了货物而索赔。然而，索赔过程需要很长时间，旧谷物的颜色可能会变黑，甚至变成有毒的酱油色。因此，整个行动必须保密。

当夜幕降临时，当地的巴西工人已经很累了，他们直接装货，没有提醒检验公司如瑞士通用公证行（SGS）或国际干货船东协会（Intercargo）的检验员进行检验。这项秘密任务静悄悄地完成了。

转到

场景：T-GRÃO 装货码头

谷物的装载通常只需要四天。不过，由于只在晚上装货，这批货物的装载一共花了十天。没有检验员或者主管办公室过问为什么这次需要这么长的时间，而船上也没有人知道他们正在装载的是损毁了的货品混合物——路易达孚CEO故意下指示这样做。

码头负责人的电话响了。

> **嘉吉总经理**
> 我们的合同是在两天内装载25,000公吨。为什么花了十天？

> **码头负责人**
> 下雨了。这不是什么罕见的事情。如
> 果下雨，我们只在晚上装货。

> **嘉吉总经理**
> 胡说八道！马上停止装货，转移货物。
> 我们要把船和货物扣押下来。

于是这艘船在锚地停了一周。

转到

场景：日内瓦城堡（LE CHATEAU）餐厅

嘉吉和路易达孚CEO正在共进晚餐。

> **嘉吉CEO**
> 我们得想办法解决这个问题。你要到巴西法院去接受判决，嘉吉不会因为把你的垃圾出口到中国而被判有罪。

> **路易达孚CEO**
> 好，那我们去桑托斯法院解决这个纠纷。但我们需要将货物转手。谁好呢？不如在航行期间将它卖给邦吉吧？分配？交换？更替？还是伪装？我们需要向中国交易商解释，他们会站在我们这一边。他必须明确知道货物到底污染了多少。

嘉吉CEO

B Max号船是同类型中最大的船，它可以装载超过
66,000公吨的货物。第一批货物没有从巴西的一号装
货码头装上船，但我们必须确保第一批货物从船的
一号货舱卸下。这样的话，邦吉可以保持清白。

转到

场景：T-GRÃO装货码头

该船回到码头并将剩余的货物装上船，于7月14日离开了港
口，时间大约在TMT申请破产保护后的一个月。

根据T-Grão的水尺计量，装载货物的总重量为29,515公吨和
20,315公吨——正常。

根据出口走廊的水尺计量，装载货物的总重量为42,086公
吨——而实际上没有任何初步测量数字。

是不是很奇怪？

根据对码头岸上规模的水尺计量，装载货物的总重量为
71,601公吨。这比正常的60,000公吨多了差不多10%的标准装
载量，刚好5,000公吨。

由于B Max号船上苏信吉的顶尖设计，该船可以比正常多装载
5,000公吨。

转到

场景：中国广西防城南港

中国贸易商已经知道了他们可以免费拿5,500公吨的优质粮
食。船装载了71,500公吨的货物，其中正常货物66,000公吨，
受损货物5,500公吨。

中方

谢谢。我们会在船抵达防城港仓时接管该船，并将
整批71,500公吨的货出售给中国的粮食磨坊。

中国贸易商与中国船舶运营公司签订了航程包船合同，因此
所有风险都由运营公司和船舶所有者承担（即TMT B Max号船
公司）。

转到

场景：停靠泊位

B Max号船于7月16日当地时间11点25分从T-Grão港转移到了一个停靠泊位。这是因为T-Grão港口运营商下令对码头的仓库和筒仓进行维修。这就是证据。唯一站得住脚的原因是，为了正常运营，把损毁货物装船的两条线必须重新连接；而为了做到这一点，他们必须让船离港。

该船从当地时间7月16日中午12点08分到8月5日下午5点46分停靠在停靠泊位，整整二十天，这是由T-Grão码头确认了的。为什么会这样呢？因为需要20天才能将货物混装在一起，因此不会留下任何欺诈的证据，没有能证明这两种货物在夜间装船的证据。

T-Grão码头由路易达孚集团拥有。

场景：扣押货船

B Max号船被扣押了。但两个码头都没有签署扣船声明——这非常奇怪。法律总顾问仔细看细节，发现两个码头的证人都没有签署。这是否构成刑事犯罪呢？

8月3日，海港主管当局发出通知，商船B Max号已被扣留。它是在自动中止中被扣押的，所以TMT及其律师应该知道这件事。扣船行动由嘉吉作为5,970.427公吨的部分货物托运人发起的。他们声称T-Grão仅将该总量的货物装到船上，基于此原因，他们要求拿到大副收货单（Mate's receipt）。与此相反，T-Grão码头为路易达孚及旗下一家子公司BioSev都签发了大副收货单，该收货单列明了船上的货物总量。在出口走廊完成装载作业后，该船仍然在该码头闲置，直到当地时间8月7日20点50分。

货物主和代理人都签了——但是T-Grão码头和 出口走廊的38码头都没有签署。

转到

场景：得克萨斯州休斯敦的破产法庭

破产法官、苏信吉先生还有各种专业律师都在场，包括埃文·弗莱申（布雷斯韦尔与朱利安尼法律事务所）、查尔斯·凯利（美亚博法律事务所）、一个上海银行的律师还有查尔斯·施赖伯（温斯顿法律事务所）。

弗莱申

B Max号船已经被扣留了。我们需要使用DIP资金
来挽救这艘船，但我们没有足够的资金。

凯利

上海商业储蓄银行、彰化银行和华南
银行是最大的几个债权人。

上海银行律师
保持安静！

施赖伯
DIP贷方没有问题。大家都享有同等权益。

法官
解决方案是什么？

弗莱申

上海商业储蓄银行和麦格理银行已经私下就此进
行了讨论，他们愿意为DIP提供额外的资金，以
便让中国法院释放船只并进行非公开销售。

法官
那太棒了。

施赖伯

尊敬的法官阁下，我们愿意增加300万美元的小额DIP
贷款，具体分为两部分：　90万美元用于让中国法院释
放船只，另外210万美元用于销售和把问题解决掉。

弗莱申

由于我们在B Max 号船DIP贷款协议中最后一个段落中
规定造成的困难，此案件应在破产重组备案中保密。

苏信吉来到舞台上。法庭上突然一阵沉默。

苏信吉

B Max号在处女航时是一艘崭新的船。她没有起重机械，刚
刚装载了她的第一批货物。 艾睿铂作为债务指定人替我处
理此案，因而我对此案别无所知。但是发生漏水事故是不可
能的。她的最大吃水量足以装载71,500公吨的货物，因此在
航行期间进水是不会发生的。你是说现代集团承建的新船在
首航时接收了被水泡坏的货物并在中国被扣押吗？这无疑于
进口有毒食品来残害中国人民。她的姐妹船A Max号已经完成

了两次航行，一点问题都没有。我在我有生之年完成了1000多次航运，其中200多次都是运输粮食。这种事情从未发生过。不列颠尼亚（Britannia）保险在哪里？艾睿铂、上海商业储蓄银行、彰化商业银行还有华南商业银行又在哪里？

后来，此案的中方检验师表示，作为一名检查人员，十多年来，他从未见过这种事件。这是不可能发生的事情。这是犯罪！

法官
我们将允许你自费私下处理此案件。完成后向法院报告。

所有人都在破产法庭同意了法官的决定。

转到

场景：中国广西防城南港

被扣押的B Max号船在巴西获释后抵达了中国，然而当它卸下了货物后马上又被中国法院再次扣押。嘉沃支付了750,000美元以释放该船。但是，这个数额与B Max号的贷款所缺失的15%不符。B Max 号船DIP贷款附录的最后一段（见附录图10）明确指出，这笔贷款无法被披露，因为它涉及中国法院程序。

这简直是开玩笑，因为2008年至2016年间中国沿海地区有100多艘船被扣押，整个中国海事系统非常透明。很明显，B Max号船 DIP贷方正与嘉沃、美亚博法律事务所、布雷斯韦尔与朱利安尼法律事务所以及温斯顿法律事务所合作，企图隐瞒上海商业银行、彰化商业银行和华南商业银行贷款的秘密。

为什么会被指控呢？因为马绍尔群岛登记系统跟随美国规范。如果你拥有船舶不超过85%的所有权，你就不能将其出售。而奥纳西斯集团购买了B Max号轮，B Whale号轮和其他五艘Whale号轮以及一艘超大型油轮。这里的关键证据是，这一切得以发生是因为奥纳西斯，兰迪·雷伊和摩根大通航运银行家们得到了内部消息，路易达孚、嘉吉和其他人也参与了这一个巨大骗局的一部分。

转到

场景：伦敦

埃文·弗莱申及其他艾睿铂代表出席了嘉沃和TMT的协议。这是一个50/50协议，但破产法官对第一个计划得以通过表示满意。

然后，嘉沃篡改了条款，所有律师都需要删除该计划。为什么呢？因为嘉沃律师发现文件是伪造的，然后被转让方都签署了。这些贷款由上海银行在"错误纸张"上签字，出售给了德意志银行，然后卖给了嘉沃。

在纽约的调查证明，在2014年1月、2月和3月期间，许多银行家和律师开始了隐瞒此事实以及华南商业银行洗钱的工作，索路斯资产管理公司也参与其中。所有这些都与德意志银行和SC 洛伊（债券交易商）的前负责人和非资深工作人员有关。 索路斯资产管理公司必须让其特拉华州和开曼群岛的子公司成为买家，从而能够收拾残局。

协议签订后，参与此次交易的律师在向德意志银行和SC 洛伊出售船只之前发现了这个欺诈性的转让，还有嘉吉，邦吉和路易达孚的勾结串通。

苏信吉反对中方包船，并最终发现了此欺诈案的全部内容和牵涉范围。

这涉及到2011年至2012年5月期间台湾银行涉嫌洗钱100亿的贷款文件。特别是在1月和2月，B Max号船让上海银行，彰化银行和华南银行很头痛。在这样小型的办事处里，银行家大多来自香港，很容易记住发生了什么事情。

转到

场景：纽约四季酒店。

事件中最有趣的部分实属是位于华盛顿特区的温斯顿法律事务所也参与了进来。没有一个破产重组案的律师与美国首都有任何的联系。这一点引起了对台湾驻美代表、清朝皇室的后裔金溥聪先生的调查。他在得克萨斯州上过六年的学，并在华盛顿特区有很多人脉。他的任期是从2012年10月到2014年2月底。真是一个惊人的巧合！

金溥聪正与温斯顿法律事务所的律师一起享用丰盛的晚餐。Whale号船贷款正在售予摩根大通，而Ladybug号轮贷款正在售予麦格理银行。

> 金溥聪
> 我的朋友，我要你确保B Max号轮在
> 麦格理银行手中万无一失。

温斯顿的律师

兆丰银行接连给了我们JDIP贷款 所以我们有16
艘船，每艘2000万美元的二次抵押贷款，利息为9％
，利润丰厚。它得看起来不像超前交易，因此我们增
加了1％的佣金，然后看起来它比较像一个交易。麦
格理银行在其他交易中赚了不少钱，另外还有万泰股
票。但要确保C Whale号船的担保贷款不在DIP贷款里，
我不希望将来被质问为什么C Whale号是分开的。

金溥聪

还要确保申请破产保护前的文件不要
在破产重组案中泄露出来。

温斯顿的律师

懂了，先生。我们的任务是告诉在纽约的施赖伯要确
保没有船能开动，或者以较低的价格出售，因此就没
有了权益。这样，苏信吉就不能在将来回头发问。

金溥聪

干得好。

温斯顿的律师

谢谢你，先生。 施赖伯告诉我，凯利、弗莱申、上海银
行的律师以及德意志银行、SC 洛伊和索路斯资产管理公
司的CEO会在纽约第57街的四季酒店开会研究解决方案。

金溥聪

我原本想在2014年的春节回去，但我要等到2月底彰化
银行和华南银行的最后一次转让的完成才能回去。他
们现在倒是有了解决方案。我不希望他们跟邢献慈联
络，她很忠心，仍然在关注着整件事情的发展。

温斯顿的律师

刚收到了施赖伯通过电子邮件发送的报告。最终的计划
是，弗莱申向我保证没有任何文件会被公开。他会以中
国法院使用的反海外腐败法为藉口防止信息公开。

转到

场景：位于纽约的上海商业银行办公室。

2014年2月，纽约非常寒冷。上海商业银行在公园大道和第56
街都设有分行，两者距离索路斯资产管理公司位于公园大道

430号7楼的办事处及其公园大道410号的子公司仅150米。各银行代表和律师出席了这次秘密会议。

嘉沃决定了要购买四笔TMT的船舶贷款。 新加坡嘉沃向上海商业银行提交了出人意料的最高竞价。但是，上海商业银行的TMT贷款还没有拖欠违约，反而一直表现良好。此外，他们已经在跟彰化银行和华南银行合作时使用了TMT贷款。老板的儿子现在非常忙碌——他在香港中环买了一块地，设计了一幢25层的大楼，顶楼供他私人使用。

香港银行代表
我们无法向您提供全额贷款，因为它已被出售和清算了

嘉沃律师
我们需要完整的贷款文件。

德意志银行代表
我们已经把我们有的都卖给你了。

嘉沃律师
华南银行把贷款卖去哪里了？我们在马绍尔群岛登记处查过了，我们需要剩下的15%。

上海银行代表
2012年5月就卖了……那是两年前的事。

德意志银行代表
好，那我们问一下我们对冲基金的前同事，索路斯资产管理公司的CEO，让他也分一杯羹。

SC 洛伊律师
他是我在美国的前任老板。SC洛伊原先在伦敦，后来搬到了香港。

上海银行代表
那么，我们如何起草转让文件呢？如果我们把我们正在做的事情写下来，我们都会变成罪犯。

嘉沃律师
我们只需要在"错误纸张"上一起签字就行了。
但任何文件中都不应出现律师的姓名。

香港银行代表
美国法官不会看到这一点吗？

SC 洛伊律师
我已经让我的联系人转告施赖伯，为B Max号船额外增
加290万美元的DIP贷款。这样一来就皆大欢喜了。

上海银行代表
那么，我们怎么出售这些船呢？ 帕帕斯推荐通
过奥纳西斯，因为通过奥纳西斯的名义可以使
事情合法化。对了，以什么价位出售呢？

嘉沃律师
价格必须跟首次抵押贷款相同，即2500万美
元，因此苏信吉就无权检查细节。

德意志银行代表
施赖伯得有额外的资金做这件事 … 麦格理银行财雄势
大，我们可以从其他船只的多余部分把钱拿过来，比如
说在马耳他的A Ladybug号，来弥补损失。此外，我们
希望以24.5美元的价格出售，那样苏信吉就无权要求知
道卖船给奥纳西斯的所得利润以及索要相关文件了。

SC 洛伊律师
然后我们使A Ladybug号的2000万美元贷款的违
约，让弗莱申用这笔钱周转。当2000万美元的贷款
在马绍尔群岛被免除时，我们再把钱带回来。

嘉沃律师
我们可以对破产重组案中B Max号船的文件做些手脚，不过要
避免任何人知道。贷款文件的最后一个段落会确保这一点。

上海银行代表
来，举杯！ 嘉沃得确保苏信吉的重组计划不能成功。

SC 洛伊律师
对，我们会命令新加坡嘉沃不要接受这个方案。更改条款，
那样苏信吉就没有办法获得批准。你知道他有多疯狂！

嘉沃律师
顺便说一句，停在台湾的Max号船的贷款签名也需要签
在错误纸张上，因此伦敦、纽约、香港和台湾都在同
一条"船"上…原谅我用了个双关语，哈哈哈。

SOLUS MASTER FUND LAWYER
施赖伯，你和我一起共事了很长时间了。看在你和我

那些在SC 洛伊的朋友们份上，我会帮你，因为我们都做问题基金业务。但是，你知道这是犯罪，对吧？

> 嘉沃律师
> 只有被发现了才是犯罪。

转到

场景：新加坡的嘉沃办公室

TMT贷款销售的消息在破产市场公布了。高盛、摩根大通、瑞银、德意志银行蠢蠢欲动。 嘉沃亦在此金融圈内，每天都会收到最新的信息。

> 嘉沃法律部
> 我们已成功从麦格理银行和德意志银行手里
> 买到了贷款，但我们只能买85％。

> 嘉沃CEO
> 为什么不把剩下的15％也买了？

> 嘉沃法律部
> 我们的台湾办事处无法确认原因。

> 嘉沃CEO
> 奇怪。无论如何，我们占多数就行，这些交易都很好。
> 我们有航运经验，苏信吉的船舶设计非常精良。

> 嘉沃法律部
> 如果我们遇到问题怎么办？

> 嘉沃CEO
> 我们可以联系苏信吉，提议通过银行买断他的贷
> 款。或者我们可以提出重组建议，我们做次要合作
> 伙伴。最糟糕的情况，50/50，但有控制权。

> 嘉沃法律部
> 好主意。我们这么精明，而航运公司那么愚蠢。

这一证据是在马绍尔群岛的2000万美元二次抵押贷款的文件上被发现的。他们明确表示只有85％的首次抵押贷款在手。很奇怪，不是吗？

转到

场景：纽约上海商业银行办公室

证据已被删除了。资金存进了华尔街4号的一个德意志银行信托基金里。

上海商业银行的专家们聚在一起，讨论如何处理此案。

上海银行代表

2月底部分贷款出售给了德意志银行。现在我们需要决定如何让SC 洛伊参与进来，并把贷款卖给嘉沃。嘉沃希望购买剩下的15%。条件是，我们不能给他们原始的贷款文件。

嘉沃律师

我们和苏信吉见见面吧。这是以低价购买苏信吉那一部分的唯一方法。在提出重组计划后，他给我打了电话，想跟我在文华大酒店见面。现在是时候了，因为律师的审查表明我们不能继续这个计划。明尼苏达州总部表态不做这个交易，我们拿不到内部批准。

转到

场景：新加坡文华酒店行政酒廊

在他们同意了重组计划之后，苏信吉在文华酒店顶层会见了嘉沃新加坡基金经理。　虽然嘉沃的代表在笑，但其实他并不高兴。

嘉沃律师

苏先生，我为在休斯敦发生的事感到抱歉。虽然我们之前在伦敦同意了一个计划，但 … 我们可以买断你的49%吗？

苏信吉

你在伦敦告诉我要合资，两个星期后你想买断我的这部分？是因为《贸易风》的文章吗？……还是说，你们明尼苏达州的总部要你取消我们的协议？

嘉沃

没有。

苏信吉

这很不好。

随后他们分路扬镳。

转到

场景：休斯敦克拉克森证券

这位位于休斯敦的老板买下了阿斯顿马丁公司（Aston Martin Company）。他跟万泰的约翰·奥赖利认识。奥赖利的儿子从2013年到2014年供职于克拉克森的休斯敦办事处。阿曼达·加洛韦（Amanda Galloway）于2013年12月从苏格兰皇家银行航运部（RBS Shipping）跳槽到克拉克森。她在TMT申请破产重组之后成为了克拉克森的代表。

艾睿铂

B Max号作为一艘配备崭新发动机的最大的巴拿马型货轮，可以卖出超过3000万美元。我们要把它卖给奥纳西斯，因为这个名字不会引人怀疑。

克拉克森

不行，奥纳西斯的最高报价是2450万美元，我们佣金太少了。

艾睿铂

好，没问题，只要我们追讨了98％的欠款。

克拉克森

你给了我所有15艘船的代理权。代理人是为委托人服务的。 奥纳西斯是个大客户，在将来会给我们很多业务。

艾睿铂

我会告诉你负责超前交易的人把贷款卖给奥纳西斯。

加洛韦

我是前任苏皇银行航运部的律师，曾与杰拉德·乔因森（Gerard Joynson）和安迪·乔治奥（Andy Georgiou）合作过。我们需要销毁所有表明我们曾与TMT有过远期运费协议合作的证据。因为TMT已经申请了破产保护，我们得马上将这些文件删掉，从2008年开始一共6年。我会负责确保克拉克森不被要求披露任何与苏皇银行相关的文件。

艾睿铂

我们太高兴了 … 我们之前在拉卡塔米亚对克拉克森的诉讼里遇到了一些问题，现在在处理TMT破产重组案的船舶销售。 希尔狄金森法律事务所（Hill Dickinson）和修华及柯塞尔法律事务所正负责此案。布鲁斯·保尔森（Bruce Paulson）负责无担保债权人委员会(UCC)签名。

转到

场景：奥纳西斯航运办公室

该公司CEO、航运顾问及前摩根大通航运高管兰迪·雷伊还有蒂凯油轮公司的CEO彼特·埃文森三人在讨论合作。

兰迪

TMT的船都很棒。这些船我们都想要，通过跟Ken Leung和帕帕斯合作，我们可以达成这个目标。

CEO

是的，这些船的设计都非常精良。你做成了6艘Whale号船和1艘Elephant号船的交易。前几天我和埃文森谈过，并且已经通过我在香港的银行家和前摩根大通的联系人确认了……他们说苏信吉会把这批货出售。他别无选择。他太蠢了，在船上花了这么多钱……现在我们捡个大便宜。

兰迪

我现在打电话给彼得·埃文森。听着。

埃文森

嗨，兰迪。我们为大宇造船海洋株式会社（DSME）制造的那艘不受TMT破产保护的超大型油轮定价7700万美元。兰迪，我们可以自定售价，所有TMT的船只我们都能以低折扣买到。你知道的，苏信吉设计的都是好船。而现在售价只是新船造价的60%。那艘现在卖7700万美元的船建于2012年，因此它的船龄更短。而你可以给Whale定价6000到6500万美元。我们做的是商业管理，但你知道，修理这些船并不容易。

兰迪

彼得，你以这个价格买A Elephant号、B Elephant号和C Elephant号船真是捡了大便宜了！他只借出了6000万美元，就拿走了所有船只。真是不可思议。碰巧苏信吉不在。他的船在埃及被当地海军扣留了，据说是涉嫌破坏了互联网电缆，好奇怪的理由。

埃文森

蒂凯油轮公司得给埃及方钱，他们赚了1000万美元呢。这是一个艰难的决定。我们是一家上市公司，所以我无法透露交易是如何达成的。现在新的蒂凯合作伙伴万事起头难，比苏信吉在大宇造船建造的类似船舶少了1000万美元。

兰迪

彼得，你又成功了。 虽然大宇建造的船只有标准的发动机，但蒂凯赚取了接近1亿美元的暴利。

CEO

他的脑袋就是灵光……我们以前是同事，哈哈哈。那艘正常的超大型原油运输船只卖了7700万美元。 还有，我那1亿美元的另一笔交易怎么样了？

兰迪

等等。我咨询了弗莱申，要求其他类似的比利时船在市场上也以每艘1亿美元的价格出售。但您那笔交易是附带包船货物的，所以价格更高。如果有人问，弗莱申会跟法官说这笔交易是不相关的。

CEO

那Elephant号船的价格是7700万美元，而Whale号船的价值在1000万美元左右。兰迪，你真是一个会做大生意的人，尽管你现在不是银行家了，就像辛普森斯彭斯扬船舶经纪公司（Simpson Spence Young）的约翰·威伦（John Wallem），克拉克森的安迪·凯斯和百力马船运公司（Braemar Shipping Services）的亚伦（Alan）。

兰迪

你知道帕帕斯在幕后教所有人怎么做 … 对吧？

CEO

没错。

在与美亚博法律事务所、温斯顿法律事务所和华盛顿国民党的律师达成共识后，嘉沃私下向奥纳西斯出售了贷款，以最大DIP贷方的身份将之转到马绍尔群岛。 马绍尔群岛登记处的记录只显示了这2000万美元的85%，而没有后续信息。他们向伊斯古尔法官报告以2450万美元卖给了奥纳西斯。

结论：完美犯罪

根据证据：

1）中国贸易商买家对5,970公吨的受损货物是知情的。 （参见中方扣船文件，其中明确说明损失数量为5,900公吨。他们是怎么知道的？）

2）托运人知道当船吃水深度达到14米时，该船可装载连蓄水能力在内的71,000公吨。因此，额外的5,900公吨超过了这种尺寸的船舶的标准。

3）一点痕迹也没有留下——因为船停在泊位20天。在此期间，输送机修好了，在第一次装货后恢复正常。

4）装载计划还有1号货舱里货物损坏较少。我们想知道为什么在装货港宣布的装载计划与卸货港的装载计划有所不同。特别是当"邦吉"这个名字出现的时候，船就被扣留了。

5）从桑托斯出航——没有计量水尺　　——为什么呢？因为他们不希望检验员发现有些货物被烧毁和变黑了。

6）第一批货的装载花了那么长时间，而最后一批重达29,000公吨的货物则只装了两天。船长在卸货港的声明里称货物装载得很快，他看不到任何变黑的大豆。他又怎么能在黑夜中看到被全速装载的变黑的货物呢？

B MAX号船的DIP贷款有六点不同寻常：

1）最后一段，他们可以先出售贷款，再向法院报告吗？

2）主要贷方

3）90万美元加上250万美元的余额？　　（最后的数字在破产重组案中并未公开）。

4）同等位次。

5）处罚的利率不明确

6）2013年11月23日，麦格理银行的委托授权书在纽约吗？为什么？

苏信吉和弗莱申在2013年11月之后对事情有了完全不同的观点。弗莱申在幕前全权代表TMT处理一切，而苏信吉的呼声法官却从未听到过。这是债务人律师不为资产的现状和追讨出力的例子。相反，艾睿铂领导者之一的多诺霍改弦易辙，只做一对一的沟通并把苏信吉排除在电子邮件交流之外。在苏信吉看来，弗莱申可能被收买了。他是一个做事有章法的人，苏信吉深信有人说服了他做出这样的改变。

弗莱申需要将他的业务转移到蒂凯油轮公司（中型油轮的大型运营商）。他把管理层换了人，并掌握了100％的控制权，以隐藏来自兆丰银行国民党账户的资金。随着案子的发展，遮掩2014真相的故事将会徐徐展开，也会显示恰好以2500万美元把贷款卖给奥纳西斯，这样以后便无人能够看到证据。

然而，苏信吉在嘉沃手中发现了更多证据——包括B Max号船的销售额、其DIP贷款、2000万美元的二次抵押贷款以及马绍尔群岛登记处规定的85％的贷款。

嘉吉、邦吉和路易达孚没有任何任何公告的情况下于2014年3月友好地解决了在桑托斯的诉讼。此事最后是在对犹太人际网络进行调查时被发现的。

2014年春天，苏信吉收到了一纸从巴西桑托斯法院发出的用葡萄牙语写的法院命令。为什么他们在2014年4月静悄悄地和解了？在破产重组案中，根据在2014年1月8日发出的DIP命令，所有16艘船每艘都有2000万美元的贷款。这是担保还款。但麦格理如何在七天内宣布并获得额外利润是一个未知之谜。我们需要知道施赖伯、嘉吉、加迪纳（Gardena），弗莱申和艾睿铂之间的联系，以及嘉吉与其他粮商之间的谈话来发掘更多鲜为人知的故事。

2014年3月，苏信吉因背部受伤而滞留香港。　此前，苏信吉乘坐经济舱在美国和世界各地之间来回飞了超过八次，这对他的背部造成了劳损。尽管弗莱申和多诺霍有义务告知苏信吉事情的进展，但他们并没有这样做。　多诺霍确实有来过香港看望苏信吉，但她没有向他报告有关破产重组案的任何重要进展。此外，为了出售和转让所有权，金额300万美元的DIP贷款被人无中生有的创立了。最后条款里清楚写明DIP贷款可以出售给第三方——法官却从未读过这一点。

还有更多有待我们发现的事情，例如：

- 破产案中有许多电子邮件有待披露。

- 兆丰银行、帕帕斯、修华及柯塞尔法律事务所、保尔森、无担保债权人委员会、现代重工、凯利法律事务所（Kelley Drye）、施赖伯、查尔斯·凯利、迈克尔·洛莱特和维达尔·马丁内斯法律事务所的勾结共谋。

- 巴拿马、利比里亚和马绍尔群岛的登记骗案——尤其是利比里亚双重费用。

- 但是，由于资金流动并不合法，上海商业储蓄银行邀请了彰化银行和华南银行充当同谋，后二者同意帮忙打掩护。为什么B Max号船贷款中的提取担保金和联合贷款的日期相同呢？真是奇怪。它的用处主要是歪曲贷款情况，有意在提取担保金日做联合贷款，但只与一家银行联系。主要贷款人在不断变化——就像用同一笔贷款搓麻将一样。贷款文件无法清楚写明谁拥有贷款中的确切份额，因为小额贷款一直在改变，贷款持有人未被明确列名，并且各方不断买卖贷款。这种伎俩让涉案银行每年可以往海外自由转移资金。2012年至 2016年期间，他们可能受到了多德-弗兰克法规第165（d）节的监察。

- 哈姆什·诺顿于2013年1月成为星散海运的总裁，该公司的针对目标是TMT。前高盛银行家彼特·艾斯皮格（Peter Espig）由苏信吉聘请并被提名为星散海运董事，他一直担任该公司董事直至2013年被解雇。

历史总在重演，动机模式似曾相识。我认为参与此案的人员跟参与制造2008年金融危机的人员是同样一类人，包括一些特殊会计师、华尔街律师和特别顾问。

模式

洗钱和从台湾银行外流的资金

建立个人担保人和公司担保人：

1）挟持公司担保人和公司股份。

2）使用巴拿马公司。

3）没有缓解期和会造成"突然死亡"的合同。篡改修正文件：插入"贷款可以出售给主要贷方"的条款，并将上海银行OBU账户写在最后一页然后在下一页输入德意志银行的帐号。这意味着该修正条款成为台湾银行和美国银行的助力，使银行利用贷方的账户进行秘密操作成为了可能。客户以为这是他们的钱，但从没有收到过这些运营账户和保留账户的日常报表。

4）年底的大额交易。

5）资金转移没有在美国的清算系统里面发生以避免留下作案"指纹"，但因为数额巨大最终被纽约金融服务局发现。

致：广州华泰	来自 JOSH HUANG
收件人：黄雪明先生	发件人参考号：B13HTBRT121
收件人参考号：请告知	页数：5
日期：2013年9月19日	

如果您没有收到此信的完整版本，请立即致电我们

回复：B Max号船卸载散装大豆71,601.920公吨

在中国广西防城港

涉嫌货物损坏

基于我们2013年9月18日报告的进一步调查：

I.调查结果

1. 其他货舱1、5、6和7的卸货作业继续，货物状况正常。请参考以下照片：

7号货舱的货物状况

6号货舱的货物状况

5号货舱的货物状况

 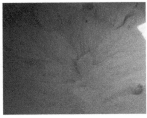

1号货舱的货物状况

2. 2013年9月18日下午卸货期间，发现2号货舱的部分货物受损，位置在中部和前部，长度约1米，深度未知。受损货物呈带状分布，受损货物上方和下方的货物状态正常，而受损货物则严重变色和发霉。由于2号货舱的正常货物正在卸货，我们无法进行进货舱进行检查。请参考以下照片：：

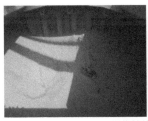 

2号货舱的货物状况

3. 2013年9月18日16时30分，我们的公估师与CCIC公估师一起进入了4号货舱进行进一步检查，发现受损货物在两个地方，一个位于中间和前面，长度约为8米，深度不等，另一个位于后部，靠近澳洲舱梯，长度约1.5米，深度不等。受损货物亦呈带状分布。损坏货物上下的货物处于正常状态，受损货物上方和下方的货物状态正常，而受损货物则严重变黑和发霉，有异味。我们已经采集了代表性样品。请参考以下照片：

4号货仓的货物状况

4. 我们检查了2号、3号和4号货舱的舱口盖和检修孔处的橡胶，均发现呈正常和灵活状态。请参考以下照片：

舱口盖和检修孔处的橡胶状况

5. 据该装卸公司称，截至2013年9月19日晚上8时，约有3.7万公吨的货物被卸下。

事情如有进展，我们会告知贵司。

图13.2：来自广州衡海保险公估有限公司（Balance Cargo Control and Survey Ltd.）的电子邮件，其中包含受损货物和货舱的图片

图13.3：B MAX号轮-启航巴西前夕

第十四章

上海商业储蓄银行

笔者在此声明，兆丰银行并不是《王朝大逃亡》故事中唯一的罪魁祸首。我在本书附录了一些证据以证明上海商业储蓄银行（SCSB）也是此案的主要参与者。它聘用了四家不同的法律事务所，企图隐瞒他们的涉案事实。

上海商业储蓄银行有着100多年的历史，被称为国民党的私人银行。它作为私营银行参与了洗钱活动。虽然它被称为"上海"银行，但其上海办事处早已关闭，而台北和香港办事处则成为了其主要办事处。（上海商业储蓄银行香港办事处最近在香港中环的上海汇丰银行总部旁边建成了一幢新大楼）。这一切都始于那一天：TMT以借款人的转账代理人的身份，担保一笔为期15年的贷款，而相关文件是银行在没有通知TMT的情况下创建的。您是否听说过借款人处理转账这么荒谬的事？

修华及柯塞尔法律事务所的律师从建船之初就参与了现代重工和现代三湖的船舶交付和交付前事宜。奇怪的是，他们律所的达恩先生（Mr. Dine）于2011年9月飞往蔚山签署文件时，那些文件既有用右手签的名，也有用左手签的名。难道他的手这么灵巧吗？我不这么认为。

结论

上海商业储蓄银行参与了洗钱活动。它参与了五艘WHALE号船的联合贷款，并牵头安排另外四艘船的贷款。彰化银行和华南银行也参与了融资。

2011年，在转移了兆丰银行和第一银行的账户之后，国民党决定将其在上海商业储蓄银行账户也转移到海外，并将指定账户转移到德意志银行——因此，连接着上海、香港和台湾的整个海外银行业务部门转移到位于华尔街4号的德意志银行信托纽约账户。这与位于公园大道430号的索路斯资产管理公司和香港SC洛伊、开曼群岛和伦敦德意志银行都有关——他们都是相互联系的。

B　Whale号最后一次的担保金于2010年12月30日完成了提取（由永丰银行100%融资）。银行代表告诉我们，他们的"老板"下令一定要在年底完成提取，一切到那时为止。我记得这么清楚是因为我当时不得不在那年的最后一天熬夜。

A　Whale号的担保金提取于2011年12月30日完成（由第一银行100%融资）。

到2011年底为止，国民党的全部资金已经撤出台湾。

巴拿马的A　Duckling号船公司和A　Ladybug号船公司都是在2010年至2012年完成创建的。　纽约金融服务局的调查清楚地表明，洗钱活动是在2012年至2014年间完成的。在纽约，对8家台湾银行的地下调查仍进行中。我已经证明了台北中央银行与兆丰银行的纽约分行位于同一地址：三一大街60号（60　Trinity Street）。

最后的一步是A　Ladybug号的无担保贷款和台中银行对这艘汽车滚装船的2000万美元的无担保信贷额度。

最重要的证据是修华及柯塞尔法律事务所的达恩先生在2011年6月7日签署的保留账户质押协议的左手签名，质押人是C　Handy号轮，承押人是SCSB-DBTMT 000472-000486。　Tiffany Chang是分行的伪造签名。

　　此外，2011年6月17日，联鼎法律事务所聘请了希腊的里德与辛普森法律事务所（Reeder＆Simpson P.C.）

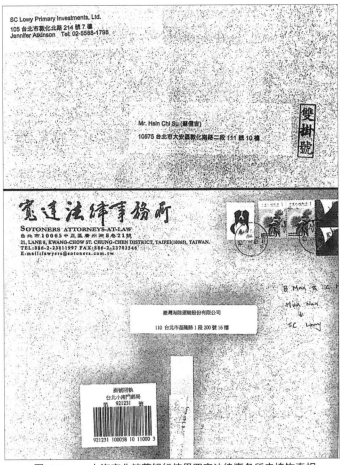

图14.1a-c：上海商业储蓄银行使用四家法律事务所来掩饰真相

SOTONERS
ATTORNEYS-AT-LAW
台北市10065中正區廣州街8巷21號

TELEPHONE:886-2-23811997
FACSIMILE:886-2-23703546
E-mail:lawyers@sotoners.com.tw
21, LANE 8, KWANG-CHOW ST. CHUNG-CHEN DISTRICT, TAIPEI(10065), TAIWAN.

Your ref.: To Be Advised
Our ref.: KW/223031

Date: 18 October 2013
Total: 1 page

To: **Mr. Greene Hung, A Handy Corporation**

12 F., No. 167, Fu Hsin N. Rd., Taipei, Taiwan, ROC

T: +886 8771 1663/ F: +886 2 8771 1523

RE: Assignment of Loan Agreement dated March 24 2011

Dear Sirs,

We are acting for and on behalf of The Shanghai Commercial & Savings Bank, Ltd. (hereinafter referred as SCSB) for the captioned matters.

SCSB decides to assign all of their rights, interests, benefits and obligations under the Loan Agreement with your esteemed company dated on March 24 2011 to the third party, Deutsche Bank AG London Branch.   As per the Article 10.02 of the said Agreement, SCSB put you on a formal notice of the above.   Without receiving your disagreement with reasonable grounds in three days (ie. by 22 October 2013), SCSB will complete the assignment with the third party, Deutsche Bank AG London Branch.   Any further issues related to the Agreement, you may contact with them directly.

If you have any queries, please feel free to contact us.

Best regards,

Roger Wang
Sotoners Attorneys-At-Law

宽達法律事務所
SOTONERS
ATTORNEYS-AT-LAW
台北市10065中正區廣州街8巷21號   21, LANE 8, KWANG-CHOW ST. CHUNG-CHEN DISTRICT, TAIPEI(10065), TAIWAN.

TELEPHONE:886-2-23811997
FACSIMILE:886-2-23703546
E-mail:lawyers@sotoners.com.tw

Your ref.: To Be Advised
Our ref.: KW/223031

Date: 18 October 2013
Total: 1 page

To: **Mr. Greene Hung, B Handy Corporation**

12 F., No. 167, Fu Hsin N. Rd., Taipei, Taiwan, ROC

T: +886 8771 1663/ F: +886 2 8771 1523

RE: Assignment of Loan Agreement dated April 27 2011

Dear Sirs,

We are acting for and on behalf of The Shanghai Commercial & Savings Bank, Ltd. (hereinafter referred as SCSB) for the captioned matters.

SCSB decides to assign all of their rights, interests, benefits and obligations under the Loan Agreement with your esteemed company dated on April 27 2011 to the third party, Deutsche Bank AG London Branch.   As per the Article 10.02 of the said Agreement, SCSB put you on a formal notice of the above.   Without receiving your disagreement with reasonable grounds in three days (ie. by 22 October 2013), SCSB will complete the assignment with the third party, Deutsche Bank AG London Branch.   Any further issues related to the Agreement, you may contact with them directly.

If you have any queries, please feel free to contact us.

Best regards,

Roger Wang
Sotoners Attorneys-At-Law

1

• 国民党与上海商业储蓄银行和兆丰银行的洗钱结构

• 聘请了华尔街的顾问为此提供便利，其细节未公开

- 在兆丰银行的科隆和巴拿马城分支机构创建了账户

- 在兆丰银行伦敦办事处，一位英国担保人涉及了此案

- 2009年，收款人账户一设立，贷款就马上开始了

- 选择了上海商业储蓄银行和台中银行作为连接全球的银行，它们参与了由兆丰银行银团牵头的五艘Whale号的联合贷款

- 在涉案的八家主要银行中，有四家是政府所有并且有政治动机——兆丰银行是主要的银行，然后是上海商业储蓄银行，第一银行和永丰银行

- 远东银行和台北富邦银行避免了介入，因为它们嗅到了牵涉进TMT丑闻会带来的危险

- 在银行自己的账户被创建为保留账户的情况下，一级交易商信贷工具（PDCF）资金尤为重要：

    o   TMT在担保金提取日期前一个月内支付了总贷款金额约7%的现金用作保留账户资金

    o   银行可以使用这笔钱从台湾中央银行借20倍以上的资金，进而有可能转到了银行的投资部门

    o   然后这笔资金被转到该银行的商业部门以用作TMT的船舶贷款

    o   此次融资既没有建立董事会，也没有进行客户背景尽职调查

    o   银团在贷款完成后的两个星期内成立了，资金流向了德意志银行、摩根大通银行和麦格理银行的账户——然后消失了

    o   因此，基本上，整个TMT 8亿多美元的贷款从未对银行的资产负债表有过任何负面影响。

从那以后，在2016年，许多高级银行经理及一级主管退休后离开了台湾并在美国加利福尼亚州买房。 一级交易商信贷工具和台湾中央银行有否参与此事呢？

进一步的探索发现还在进行中。

此案的结构设置异常庞大，涉及到30多家台湾银行。很明显地，违规行为有迹可循。到目前为止，我们已经确定了至少八条途径。现在要写出所有的内容还为时过早，但至少上海商业储蓄银行的故事表明，兆丰银行丑闻不仅仅是兆丰银行涉案，它还涉及许多台湾和香港的银行，事实上，还有现今的全球银行系统。

以下是其八条途径：

1）台中银行向滚装运输有限公司（Ro-ro Lines）提供2000万美元的无担保贷款，并以极低的折扣价售予美国银行新的旗舰土地

2）国泰世华银行董事长参与了以1美元的价格将2000万美元贷款售予科特兰资本。销售文件上，陈董事长的印章出现在了公司的印章旁边——这在台湾银行业务中是闻所未闻的。

3）中国信托银行将其贷款于2013年11月售予了摩根大通，但北美摩根大通在其亚太地区代表的声明中否认了这一点。

4）永丰银行在香港和澳门参与了卖给希腊奥纳西斯集团的B Whale号船贷款。

5）第一商业银行在一天之内通过SC   洛伊将A Whale号船卖给了纽约君上资本。

6）台湾、香港和澳门的上海商业储蓄银行最终加入了德意志银行的全球联网

7）台湾兆丰银行为邢献慈为数众多的伪造签名提供了途径，先是与麦格理银行再是与北美摩根大通有关。最终止于拥有51％的星散海运股份的橡树资本。

8）台新银行途径——台新银行是唯一一家没有出售贷款反而购买了更多贷款的银行。它在破产重组案中向橡树资本提供了1亿美元的融资资金，但从未向法院披露此事。

在一些司法管辖区，这八条途径中的一些已在进行诉讼。它们曝光整个洗钱丑闻（自巴拿马文件案以来最大的丑闻），与纽约州金融服务局在2012年至2014年调查的丑闻紧密相关。

　　本章内容尚未完结。我将在我的下一本书中进一步揭示相关内容。

图14.2 上海商业储蓄银行

第十五章

国民党洗钱行动与中国投资基金

《多德 – 弗兰克法案（DODD-FRANK ACT）》的全称是《多德 – 弗兰克华尔街改革和消费者保护法（DODD-FRANK WALL STREET REFORM AND CONSUMER PROTECTION ACT）》，但它更普遍地被称为《多德 – 弗兰克法案》。简单来说，这是一项对金融业进行监管的美国法律。它源于2008年的金融危机，目的是防止像雷曼兄弟这样的主要金融机构再次崩溃。它还旨在保护人们免受银行滥用借贷行为的影响。它于2010年立法，并以参议员克里斯托弗·多德（CHRISTOPHER J. DODD）和众议员巴尼·弗兰克（BARNEY FRANK）命名。该法案长达数百页，涵盖了16个主要改革领域，但并非所有条款都落实到位，而特朗普政府的目标是将其影响弱化。

《多德 – 弗兰克法案》的主要目标之一是对银行实行一系列监管，如果认为银行"大到不能倒"，则可能会将该银行拆散。为此，该法案设立了金融服务监督委员会（FSOC）。该委员会由财政部长和来自美联储、证券交易委员会（SEC）和消费者金融保护局（CFPB）的9名成员组成。该委员会的成立是为了保护人们免受银行的"不道德商业行为"的侵害，例如风险借贷等。它还监督非银行金融公司，如对冲基金。

"沃尔克法则（The Volcker Rule）"是《多德 – 弗兰克法案》的一部分，它禁止银行拥有、投资或赞助对冲基金、私募股权基金或任何自营交易业务以谋取利润。但是，银行可以持有低于银行总收入3%的基金。"沃尔克法则"允许在银行开展业务时进行一些必要的交易（例如，银行可以参与货币交易以平衡其外币持有量）。《多德 - 弗兰克法案》要求风险最高的衍生品，如信用违约互换（CDS，又见跟互换SWAP有关的词）等，由美国证券交易委员会或商品期货交易委员会（CFTC）监管。为了帮助打击腐败和内幕交易，《多德 - 弗兰克法案》包含了一个举报人条款。举报腐败行为的人可以获得奖励。

对许多华尔街银行而言，《多德 - 弗兰克法案》被视为对2008年经济崩溃的过度反应，并会阻止经济增长。而另一方面，有些人则表示，这些改革还不够深入，无法遏制银行的冒险行为，并在有需要时接受公共资金纾困。现今，2018年，特朗普政府叫停并取消了多项《多德 - 弗兰克法案》的措施，撤销了数百项其他法规，并签署了15项《国会审查法案（Congressional Review Act）》决议。现任美国总统似乎支持大型银行回到2008年前的状态，并引发另一场全球性的金融危机。

但是，这与兆丰银行和国民党有什么关系呢？

这么说吧，《多德 - 弗兰克法案》的第165（d）节要求拥有超过500亿美元的非银行资产的银行起草一份允许监管机构介入计划，以具有最小破坏性的方式将这些非银行资产出售或关闭，该做法类似于企业破产时对其多层面的业务进行拆散。

如果所有文件都被故意销毁因而缺失怎么办？问题的关键就是《多德 - 弗兰克法案》第165（d）节——2013年至2016年对在纽约的所有台湾银行未公开项目进行测试的主要通报系统。摩根大通、G5和德意志银行的公开报告第一章应有150-200页——即使没有多少交易，仍然应该有大约50页左右。但除了中信银行之外，大多数在纽约经营的台湾银行都只有8-12页。只有中国信托银行遵守了消费者银行法规。

```
124 STAT. 1376        PUBLIC LAW 111–203—JULY 21, 2010


                      Public Law 111–203
                      111th Congress
                                      An Act

 July 21, 2010     To promote the financial stability of the United States by improving accountability
 [H.R. 4173]          and transparency in the financial system, to end "too big to fail", to protect
                      the American taxpayer by ending bailouts, to protect consumers from abusive
                      financial services practices, and for other purposes.

 Dodd-Frank Wall      Be it enacted by the Senate and House of Representatives of
 Street Reform     the United States of America in Congress assembled,
 and Consumer       SECTION 1. SHORT TITLE; TABLE OF CONTENTS.
 Protection Act.       (a) SHORT TITLE.—This Act may be cited as the "Dodd-Frank
 12 USC 5301       Wall Street Reform and Consumer Protection Act".
 note.                 (b) TABLE OF CONTENTS.—The table of contents for this Act
                   is as follows:

                   Sec. 1. Short title; table of contents.
                   Sec. 2. Definitions.
                   Sec. 3. Severability.
                   Sec. 4. Effective date.
                   Sec. 5. Budgetary effects.
                   Sec. 6. Antitrust savings clause.
```

图15.1：多德－弗兰克华尔街改革和消费者保护法

　　根据《多德－弗兰克法案》第165（d）条的规定，台湾银行没有正确地通报。兆丰银行、华南银行、彰化银行、第一银行、上海商业银行、中信银行、国泰世华银行等都有其通报的标准流程，但这些流程形同虚设，早在2013年前就已经被违反，并越演越烈。还有另一个插曲，是关于巴拿马与台湾的外交关系突然结束并与中国大陆建交的。我会在下一本书中详述。

　　如前面说过的，我打算再写一本书，更深入地挖掘真相。我的调查将会揭露台湾的政治和经济制度，甚至在某种程度上揭露中国文化本身。中国5000年的历史都基于王朝制度。民主的缺失，这是TMT和苏信吉案产生的根源。

　　亲爱的读者，您还记得我曾告诉过你2012年7月蔡友才邀请我去兆丰银行总部并要求我提供一艘船来为4000万美元的无担保贷款抵押的事吗？我给了他价值近1亿美元的A Ladybug号轮，虽然价值多了几乎6千万美元，但因为我们是亲密的朋友，一起打高尔夫球，我信任他。还记得我说过全部交易是在兆丰银行的敦南分行完成的并且这是常见的做法吗？我确信，蔡友才于2012年11月22日以低价向麦格理银行出售了这笔贷款，而麦格理银行在纽约或悉尼支付了这笔钱。 纽约金融服务局的新闻稿明确指出，所有的洗钱案都发生在2012年至2014年，而此事恰恰发生在该时间段内。该日期是兆丰银行在2012年参与了洗钱活动的一个提示。因此，这可能是第一次与洗钱案相关的交易；至于这与其他交易相关或者不相关，在进一步证据曝光之前，我们只能据此进行推测。我的意思是，麦格理银行和兆丰银行之间在2012年11月22日一定达成了一项未公开的交易，其委托授权书在悉尼总部签署。麦格理银行是澳大利亚的头号投资银行，其台湾办事处距离国民党台北总部仅30英里。

　　我将在第18章讨论兆丰银行洗钱防制案以及伍鲜绅事件，但敬请读者们先看一下以下来自路透社记者罗两莎和 J.R. Wu 在台北的联合报道：

2016年8月23日（路透社）——台湾当局正在调查兆丰金控在被美国纽约金融服务局因其违反洗钱防制法规而重罚1.8亿美元的案件中，该国营集团及其银行部门有否违反台湾的刑法。

纽约当局周五对兆丰国际商业银行的罚款进行了罚款，原因包括对巴拿马风险缺乏充分关注，这是台湾金融机构十年来第一次受到美国当局的处罚。

这次罚款让台湾政府非常尴尬，因为兆丰金控的管理层与主要政府官员关系密切，是该岛金融体系的产业支柱。

紧随着在美国和欧洲进行的一系列备受瞩目的司法调查和监管调查，纽约当局对大中华地区的银行的洗钱防制措施进行了严厉审查。

台北地区检察院副检察长通过电话告诉路透社，作为调查的一部分，台湾当局正在审查兆丰金控及其银行部门的文件。

他说，兆丰金控的前董事长蔡友才是该案的被告并被限制出境，又补充说，而上周二甫接任兆丰金董事长的徐光曦随后亦赴北检提出说明以协助调查。

另一家台湾公司国泰金融控股有限公司（Cathay Financial Holding Co.）在周二的一份声明中表示，由于个人原因，蔡友才已辞去在其公司的董事职务。

检察官同时也正在审查台湾财政部和金融监督委员会有关此事的信息。

"我们正在收集信息，并将对其进行审查，以确定是否存在任何违反台湾刑法的行为，"该发言人说。

纽约金融服务局表示，兆丰的美国法遵机制有很多"漏洞"，包括交易监控和通报控制不足，法遵政策不一致。

金融服务局在一份法庭文件中称，该银行的法遵工作人员也对美国反洗钱法规未能熟悉，而有些人也因为担任多个角色而发生利益冲突。

金融服务局还发现，2013年和2014年，兆丰的纽约和巴拿马分支机构之间有近115亿美元的信贷交易。尽管巴拿马被公认是一个高风险的管辖区，"该银行的总部对涉及巴拿马的交易风险无动于衷"，金融服务局在一份声明中说道。

兆丰金董事长徐光曦为该银行的行为辩护，称其没有帮助客户在海外洗钱。他告诉路透社，兆丰纽约分行只是没有按法律要求那样向美国当局通报"可疑交易"而已。他还说，兆丰在巴拿马科隆的分公司有一来自中南美洲客户账户被列为"可疑账户"并遭关闭；该行分行在接到来自其他银行的汇款时，由于相关账户已关闭即直接把汇款退回原汇款行。徐光曦表示，因依美方相关法令规定，兆丰银在退回可疑账户的汇款时，必须向美国纽约方面通报，但该行却未依规定把可疑的交易向美国纽约方面通报。

兆丰金在一份声明中表示，巴拿马文件中提及了大约200家企业客户，其中大多数是拥有境外银行账户的台湾公司。他们正在核查这些客户的身份。

今年早些时候发生的巴拿马文件案，超过1150万份文件被泄漏，曝光了利用离岸公司逃税的灰色地带，促使世界各地的当局发起对潜在的富豪财务违法行为的调查。

1图15.2：纽约金融服务局

第十六章

狼狈为奸以企图打倒苏信吉

从2013年第四季度开始，事态变得愈来严重。当时国民党的"中国投资基金"董事长企图把我在台北近郊的一栋房子卖掉，那栋房子建在我祖父长眠的墓地里。更令人难以置信的是，美国对冲基金如君上资本和橡树资本，以及美国银行、德意志银行、国泰银行、上海国际商业银行、威尔明顿信托（WILMINGTON TRUST）等，竟然试图在破产重组案完成之前接管我的个人资产。

你问为什么？因为他们觉得，如果他们把我完全打倒，我就没有经济能力聘请美国律师来反击。我相信报应——不是不报，时候未到！

兆丰银行，帕帕斯，现代重工，修华及柯塞尔法律事务所以及其他公司的专家们齐聚纽约时，通过商讨最后达成了一致的行动方案。它一定是这样的：

1）以低于未偿还贷款额的价格把贷款售予他们封闭小圈子里面的人，因此苏信吉的个人担保会生效。

2）确保苏信吉在身体和经济上都筋疲力尽。

3）没有所有权，因此不会披露有关买家的信息。

让我回顾一下，特别是这些阴谋家如何进行TMT船的实际销售。首先，橡树资本台湾海峡控股有限公司并不存在，至少在实际意义上并不存在。它只是一个幌子。为了暂时转移资金和隐藏真实情况，该公司只存在了几个月，然后在2014年销售完成后消失了。摩根大通（台湾）和橡树资本都有参与其建立。根据Ken Leung的说法，橡树资本台湾海峡控股有限公司在2013年底开始购买贷款。我在前文已经谈到过Ken Leung以及台湾摩根大通的前任负责人是如何参与的——他们最后于2017年6月底突然被解雇了，很可能同时被命令要守口如瓶！

一位代表宝维斯法律事务所的律师在2014年向休斯敦的破产法院里揭露了该概念起源自2010年的橡树亨廷顿（开曼）6 CTB（Oaktree Huntington（Cayman）6 CTB）基金。但是，当时它已经消失了。橡树资本管理公司必须在破产重组案进行时把所有6艘Whale号船贷款都买下来，以删除所有相关的证据。他们得建立橡树资本台湾海峡控股有限公司和太平洋虎鲸有限公司（Pacific Orca LLC）这两个公司才能参加竞价。这违反了破产法第十一章的规定，因为公司已经改变了，而且很有可能最终的董事和股东也改变了。 2016年，只有马绍尔群岛和巴拿马登记处的9艘船舶可以确认2000万美元二次抵押贷款在2013年6月被倒签了日期。我们无法确定这些证据是什么时候删除的，如船舶销售、协议备忘录（MOA）和交付协议等，这些都未在破产案中被披露。这些船舶的金额为2000万美元的二次抵押贷款在利比里亚国际船舶与企业登记处（LISCR）也并未显示。但是，我们有银行发票表明银行代码ICBCUS33（这是兆丰银行的SWIFT代码）为7艘Whale号船向利比里亚登记处支付了21,000美元；而两周后，埃文·弗莱申从DIP贷款中向利比里亚登记处支付了21,000美元。过程中既没有披露过其司法管辖区，也未确认过任何良好的信誉。

橡树资本在2012年至2013年间在航运业投资了70亿美元。在橡树资本资本管理业务模式中，投资者拥有90％的公司股本权益。 这90％权益的投资者是台湾基金的可能性很高。

台新银行的金额1亿美元、为期5年的贷款是关键：低利率的1亿美元现金贷款，跟与国民党有着密切的政治关系的新光集团旗下的台新银行合作。实际上，台新银行认识橡树资本台湾海峡控股有限公司里面所有的投资者。很有可能几位前银行家不但榨取了TMT船队的血汗，而且还投资了这些船只，从橡树资本获得了丰厚回报。为了清理证据，所有的船只和包船公司都卖给了奥纳西斯控股公司，使其目前拥有了大部分的TMT的Whale号船和Elephant号船。目前由奥纳西斯集团经营的船舶有：B Whale号船，C Whale号船，D Whale号船，E Whale号船，G Whale号船，H Whale号船，Fortuna Elephant号船和B Max号船。

我曾密切地关注着南非的一场法庭拍卖。它没有按时发生，橡树资本台湾海峡控股有限公司和成品油轮公司（Product Tankers，由帕帕斯的私营公司控制）是买家。橡树资本台湾海峡控股有限公司的地址与帕帕斯的希腊办事处相同。成品油轮公司聘用与TMT一样的船舶管理公司——例如东茂（Thome）、船队管理有限公司（Fleet Management）和威仕（V Ships）等，因此律师们不难发现真正的所有人是谁。

2013年10月，奥古斯塔航运有限公司（Augustea Bunge Maritime Limited）与约克资本管理公司（York Capital Management）成立了一家合资公司。这家总部位于马耳他的新公司ABY控股有限公司（ABY Holding Limited）的目标是运营一支独立的干散货船队。它希望通过收购现代船舶以及扩大现有资源来实现公司的增长和船队规模的扩大。ABY着重于获得一流的优质干散货吨位，并形成全球供应链，这是其核心业务不可或缺的一部分。然后它购买了E Elephant号船。我在前文已简述过埃文·弗莱申如何拖延销售并阻止将该船售予另外一位愿意支付更高价格的希腊买家。这是有根有据的。弗莱申以特殊优惠的形式给了香港克拉克森一个好价钱。弗莱申没有接受最高竞价——在我看来，他并没有就此向伊斯古尔法官说实话。

你也许会问，埃文·弗莱申不是理应为我工作的吗？当然是。但是一位航运经纪人告诉我，克拉克森与他一起密谋给SC洛伊好处。这事应该发生在2014年4、5月，至少在我看来，这证明了弗莱申在2013年底已经被收买了。我们在惠特尼银行的交易记录中发现了重要证据：上面显示银行代码ICBCUS33和ICBCLA（我已经解释过ICBC代表的是什么 – 顺便提一下ICBCTWTP011是台北的银行代码）向布雷斯韦尔与朱利安尼法律事务所的律师信托利息账户（IOLTA）和埃文·弗莱申的康涅狄格州哈特福德账户支付过钱。从我以前的经验得知，该组织为其分支办事处提供了轻松地创立不受监管的文件和交易转让的机会和自由。

SC 洛伊和台湾理律法律事务所使用的名字与SC 洛伊投资（开曼群岛）的名字相同。巴拿马登记处显示参与交易的买家真实名字不像SC 洛伊那样是香港公司，而是一家开曼纸业公司。为什么？百分之百为兆丰银行所有的A Duckling号轮交易是送给SC 洛伊的礼物。此外，直到A Duckling号轮卖给韩国川崎汽船（K Line）时，SC 洛伊才支付这笔费用。 SC 洛伊的Kim先生当时正在重组川崎汽船，他与周美青夫人的女婿蔡沛然有着密切的联系。因此，您可以看到所有涉案人员以这样或者那样的方式联系起来的，以及他们如何狼狈为奸，利用共谋将私利最大化，同时协助兆丰银行将KMT资金从台湾撤出。

我目前正在密切关注着兆丰银行和其他台湾银行针对蔡友才的集体诉讼。我正在研究台湾银行股东索赔的真实性。类似索赔在美国非常普遍。然而，我们在2012年、2013年或2014年的兆丰银行财务报表中发现任何减值损失。更令人吃惊的是，2013年财政部在TMT申请破产两周后下令银行将损失减半。而真相是，同一笔资金由支持性投资来掩盖。

这是一个完美的犯罪吗？ TMT的无担保贷款的还款延迟了——但不是全额4000万美元，而是每月分期付款而已。那整笔贷款是否应被认为违约？当然不是！那为什么TMT没有拿回Ladybug号船的所有权？ 修华及柯塞尔法律事务所当时是所有人的代表，他们故意把所有的权益都抹杀了。

2013年4月15日，兆丰银行向TMT发送了"突然死亡"的通知。这是事情的关键。选这个日子是因为正好八个月后（2013年12月15日），它成为了上海商业储蓄银行发起的全部贷款的出售的一部分吗？我认为这很有可能。每次贷款被售时，2000万美元的二次抵押贷款都会连同贷款文件一起被发送到买家处。这对台湾银行的财务报表一点都没有影响。上海商业储蓄银行贷款销售文件均打印在错误纸张上，并由德意志银行签署。他们既没有法律文件也没有委托授权书信件。那么，我们是否能将其与国民党基金混为一谈呢？

我知道这一切听起来都很复杂，似乎需要具备一名商务律师的知识才能让你听懂大部分的故事。为了更好地理解这件事，我们应该读一下台湾财政部长于2014年7月9日发布的公告。如果你记得，我已多次提到这一点，他在公告中命令所有与TMT有借贷业务的台湾银行将其未偿还贷款减半。我已经提出过这个问题：如果没有独立估值、政府不了解私营企业的内部细节，这种情况如何得以发生呢？为了找到答案，我们请了一位知名的注册会计师对涉及TMT案的大多数台湾银行2012年到2014年的审计报表进行分析。没有一笔TMT贷款列在审计报表上。这些贷款都去哪儿了？

答案如下。

如您所知，麦格理银行安排了2000万美元的DIP贷款，其中一个条件是：所有16艘船都必须拥有2000万美元的二次抵押贷款来作为那2000万美元DIP贷款的抵押。谁拿了1%的佣金呢？麦格理银行还是安排的人？根据台湾财政部长的命令在第三季度削减了一半的TMT贷款后，破产案中的涉案银行接受了巴拿马国旗船只、马歇尔岛旗船只和利比里亚国旗船只的二次抵押贷款，然后从2013年12月15日开始把剩下零散的贷款以几乎每天一次的频率售出。巴拿马方的问题是如何将2014年2000万美元的二次抵押贷款的日期倒签回2012年。他们需要把所有在破产重组案前发生的违法行为伪装起来。 2014年1月8日，在Ladybug号船的销售听证会上，伊斯古尔法官在未事先通知的情况下同意了DIP贷款的所有条款，包括倒签2000万美元贷款并允许每艘船舶获得2000万美元的二次抵押贷款。

我们在马绍尔群岛、巴拿马和利比里亚登记处都进行了调查。 2016年，只有马绍尔群岛和巴拿马登记处的9艘船舶可以确认2000万美元的二次抵押贷款被倒签了日期。我们无法找到这些被删除的时间，因为船舶销售、协议备忘录和交付协议均没有在破产案中被披露。但是，正如我已经说过的，我们有银行发票显示ICBC NYC（兆丰银行的SWIFT代码）为七艘Whale号船向利比里亚国际船舶与企业登记处支付了21,000美元，两周后，埃文·弗莱申从DIP贷款中向利比里亚登记处支付了21,000美元。至此，所有16艘船舶的2000万美元二次抵押贷款都被确定了。

　　兆丰银行早在2013年6月就与橡树资本有往来。Ken Leung来自香港，住在西海岸，从1988年开始担任橡树资本的总法律顾问。他是航运业务负责人，也是星散海运及其他许多客户的负责人。他和摩根大通（台湾）前负责人都深入参与了这项交易，而当时这位摩根大通前负责人正成功运营着一家1000亿美元的资产管理公司，后来他于2017年6月底被纽约摩根大通解雇。　根据他的说法，橡树资本亨廷顿（开曼）6 CTB于2013年底开始购买贷款。它以橡树资本台湾海峡控股有限公司的名义购买了TMT破产申请案中的所有Whale号船。这个公司就是为了临时帮助转移资金而建立的，它在2014年销售完成后就销声匿迹了，资金流动的证据也随之消失。

　　2014年2月底，前台湾驻美代表返回台湾。X计划的任务已经完成。

　　简而言之，3.2亿美元完美地被转移了。它在内部被用来投资了2000万美元的二次抵押贷款，因此兆丰银行财务报表的损失为零。而其他台湾银行的2000万美元的亏损也被"其他业务"所掩盖——除了国泰世华银行。该银行利用Fortuna Elephant号船赚取了2000万美元的利润。由于橡树资本购买贷款的价格低之又低，当任务完成时，该公司允许投资者从其账户中提取2000万美元，而向KMT指定的账户少付一些钱。

　　让我解释一下。除了橡树资本和君上资本之外，TMT所属船舶可以将资金转移到没有人知道的指定账户里面。它可能是兆丰银行的伦敦、巴拿马或阿布扎比分行——而最近，兆丰银行关闭了其许多海外分行。我很好奇其原因。

　　到了2014年，我与TMT财务顾问的关系每况愈下。艾睿铂的弗莱申在他向某些律师发送的电子邮件里声称"要摧毁TMT，完成交易。"我需要进一步调查这一点，并且要找到弗莱申、凯利、施赖伯和其他人之间的所有通信。

　　所以，现在我只能这样写："待续···"

图16.1：等待装上滚装船的货物

第十七章

删除及破坏证据

我需要说的第一件事是SC 洛伊在太多的船舶贷款交易中进行了超前交易：

- A Whale号轮：2014年1月8日——第一银行——SC 洛伊——君上资本

- A Duckling号轮：2013年12月——100%兆丰银行

- C Handy号轮：上海银行——彰化银行——SC 洛伊——索路斯（SOLA，大师基金有限公司）

- B Max号轮：上海银行——彰化银行——SC 洛伊——索路斯（SOLA，大师基金有限公司）

贷款被上海银行售予麦格理，然后再出售给SC 洛伊——奇怪的佣金交易。

我想说的第二件事是"王朝综合症"——肥水不流外人田。

我已经在第五章提过蔡沛然，前台湾总统马英九和周美青夫人的女婿。他于2000年初在德意志银行从事银行业务。他的同事后来去了SC 洛伊和索路斯资产管理公司工作。 索路斯资产管理公司是由德意志银行问题产品部门的前任负责人创立的。在此问题重新变得复杂起来：索罗斯曾与约克资本以及安祖高顿（Angelo, Gordon&Co.是一家投资顾问与资产管理公司）有过交易。索路斯/索罗斯，这两个名字很相似但其实是两个不同的名字，很容易让人混淆。索罗斯的一只主要基金于2008年组织了安祖高顿的交易，该交易与帕帕斯的星散海运和海洋散货航运（Ocean Bulk）合并以及索罗斯的约克资本有关，而这三者都是万泰钻油的大股东。所以，正如我在前文多次所述，你可以看到这群人是如何悄悄地建立起错综复杂的人际网络和合作关系的。

根据他们的网站，SC 洛伊是"亚太地区，中东地区和澳大利亚二级贷款和高收益债券交易的市场领导者"。我之前已概述了该公司是如何在2009年以SC 洛伊金融投资银行的名义创立的。我怀疑这笔钱得到了德意志银行和"中国投资基金"的支持（这需要进一步的调查）。这将涉及德意志银行伦敦、香港和纽约分行之间购买和出售问题贷款的密切联系。

我在前文已经提到过前台湾外交部长钱复之子钱国维。钱复是蒋介石及蒋经国在任时期的国民党领导人之一。其子钱国维在高盛和北美摩根大通均担任要职。作为摩根大通亚洲地区负责人，他掌握着包括中国、台湾和东南亚在内的地区的控制权。由此可见2016年10月摩根大通因"子女项目"而被罚款2.64亿美元之事件的重要性。它表明，即使在兆丰银行因洗钱防制违规而被罚款1.8亿美元之后，摩根大通的亚洲机构仍因继续的财务不端行为被罚款2.64亿美元。还有许多其他行为不当的例子，例如中国铁路资金丑闻等。我的观点是，所有这些都是通过自国民党首次抵达台湾以来便控制着的金融及相关制度的王朝联系起来的。

但让我们回到删除和破坏证据这个话题。罗伯特塞登曾任检察官、律师、全球法医调查员、法院指定的资产接管人，也是保密全球调查公司的创始人。1988年至1999年，他在纽约曼哈顿地区检察官办公室担任高级检察官，负责调查和起诉洗钱、欺诈、挪用公款和其他金融犯罪案件。他曾调查发现了兆丰银行曾向麦格理银行提供了2.5亿美元贷款 ——换言之，"中国投资基金"。这很可能与最初贷予TMT的2500万美元有关，该贷款最终通过抵押A Ladybug号轮增加至4000万美元。最初的无担保贷款没有在破产法庭被披露，以低于价值的价格售予麦格理从而导致TMT财务损失这一事实也没有被批露。尽管可能看起来不像，但这个案例在台湾、巴拿马和美国的管辖范围内非常重要 ——我以后会详述这一点。

此外，我在2016年尝试调解，向琼斯法官（Judge Jones）提交了一份清算分析。该分析显示，台新银行拥有Fortuna Elephant号轮的15%，这在破产重组案的转让通知中从未出现过。读者们应该记得我早些时候谈过85%和失踪的15%吧？看，这就是一个巧妙地藏在台新银行的15%。但这只是众多按百分比分割贷款中的一个，目的是掩盖痕迹并对后续调查或审计造成混乱。

最奇怪的是，售予西方银行的贷款没有任何律师声明的痕迹。只有一份合规的法律文件是通过银行自己的印章证明的，那就是A Ladybug号轮的贷款协议。这份协议合乎法规地表明了在2012年9月参与的律师姓名。不过，转移贷款的单独文件没有被批露。 2012年11月22日在悉尼签发的麦格理银行委托授权书和2012年11月23日在纽约签发的另一个委托授权书都表明了麦格理投资银行的遵法合规行为。两者都带有内部控制的编号。在整个破产案中，所有其他涉及大型金融机构的文件都没有那些认证印章。我无法相信参与此案的数百名律师，包括律师助理和其他同事，对这些文件都没有给予足够的重视。文件的违规情况非常清楚——细节将在我的下一本书中披露。我意识到这对普通人来说可能难以理解，但我的推断是，周美青夫人利用银行资源和纳税人的钱，聘请华尔街专业人士作为顾问来遮掩这个骗局。

或许你还记得我提过的2013年10月在布雷斯韦尔法律事务所办公室举行的会议。三位来自麦格理银行的年轻女士，还有丽莎·多诺霍，弗莱申和鲍勃·彭斯（Bob Burns）都在场，他们在我申请破产保护前来台湾并跟我的家人见面。 多诺霍（艾睿铂）说，虽然她和鲍勃伯恩斯都是爱尔兰人，但他们从来没有见过面——她撒了谎。后来，我发现彭斯在布雷斯韦尔法律事务所工作，曾是君上资本的前总顾问。 君上资本和星散海运的大股东们在两年前购买了A Whale号轮。因此律师们很可能假装他们彼此不认识，以避免"利益冲突"来从破产重组案中大赚特赚。不仅如此。 修华及柯塞尔的律师艾哈迈德（Ahmed）总是和弗莱申待在一起，这至少对我来说很明显，无担保债权人委员会的律师和债务人律师聚集在布雷斯韦尔法律事务所和办公室，共同研究次日他们如何向伊斯古尔法官提交报告。我确信由查尔斯·凯利牵头的纽约律师们聚集在美亚博的办公室，并与维达尔·马丁内斯和在休斯敦的万泰律师分享交流信息。如果这都不是利益冲突，我不知道什么是了。

无论如何，在布雷斯韦尔法律事务所办公室举行的会议只持续了30分钟，麦格理银行的女银行代表们对航运或与案件有关的船舶不感兴趣——她们只对与债务人合作转移债务感兴趣。我团队的调查显示，来自台湾和香港的专业银行代表在2013年和2014年初拜访了纽约的兆丰银行银行，下达如何转移债务的指示。换句话说，把国民党的钱洗白然后把它从台湾转移出来。

他们都认为这样做神不知鬼不觉。

但事实并非如此。

1图17.1：销毁证据

第十八章

伍鲜绅（SAMSON WU）事件：虚假新闻？

在2002年至2003年间，兆丰银行巴拿马分行与美国之间发生了一场神秘的法律诉讼，称为伍鲜绅事件。该事件被台湾新闻媒体报道时，正值1.8亿美元洗钱防制违规案理应作为头条新闻被广泛报道的时候。让我们谈谈伍鲜绅事件吧——它究竟是不是一条用来遮掩真相的假新闻呢？

让我向对此案不熟悉的读者解释一下，伍鲜绅，英文名Samson Wu，此人被指控窃取了超视国际（Super Vision International，纳斯达克股票代码：SUPVA）的知识产权，该公司是光纤和LED照明产品的领先制造商。该案涉及盗取商业机密、私家侦探、销毁证据以及人身威胁。从表面上来看，这一切都应该是在超视开始在中国市场寻找商机时开始的。据称，由伍鲜绅牵头的中方竞争对手用了超过100万美元来收买该公司的一个员工窃取技术和先进的制造设备。据说，伍鲜绅请人恐吓超视的员工及其家属。超视在看到市场充斥着售价仅为其一半的"冒牌"产品后采取了法律行动。他们聘请了私家侦探，伪装成富有的阿拉伯酋长，并在隐藏的监控摄像头下购买了"冒牌"产品。

这听起来有点像小说情节，是不是？

然后，该"证据"提交至陪审团，用来判决伍鲜绅和其他人（案例＃CI-99-9392），而被告以第五修正案特权拒绝回答任何问题。在裁定被告欺诈、民事盗窃、共谋、盗用和销毁证据等罪名成立后，法庭最终判给超视金额为4120万美元的赔偿金。但是，当最终判决下达时，伍鲜绅已把其所有美国股票变现，并通过"与洗钱等同的方法将资金从美国汇出。"超视的创始人、总裁兼CEO布雷特·金史东（Brett Kingstone）写了一本关于此案的书，书名是《美国的真实战争（The Real War Against America）》（专业出版社出版，国际标准书号0-9755199-2-1）

　　为什么我会说这可能是一个假新闻呢？嗯，这样做无非是为了控制媒体并分散公众的注意力。请看以下由John Hsieh撰写的文章（顺便说一下，此乃假名；该文章于2005年3月在网上登载，但后来消失了）：

> 兆丰是国营银行，拥有丰富的国际银行对冲业务经验，但它又是如何地被卷入诉讼，且被金融署罚款？蔡英文总统说："这已经造成台湾名誉受损，也让人民对金融监理不信任"。现在，就让我们从金融署，于二〇一六年八月十九日发布的新闻稿，及纽约州最高法院上诉庭第一厅，于二〇一五年八月十一日判决书，来予一一检视。

> 二〇〇三年六月十六日，佛罗里达州法庭对债务人卡鲁索（Caruso），因伪造、公民盗窃、侵占资源和信息盗窃案做出判决，必须赔偿原告超视国际公司三千九百万美元，同时债务人伍鲜绅，必须招供所有他能签名的银行账户资料。

> 二〇〇九年三月廿四日，超视将债权转让给B&M，法院判决於是也就近地，被转移登录到纽约州纳绍县。

> 二〇一四年八月七日，B&M向兆丰银行提出，携证出庭传票，及问卷调查传票，要求提供任何债务人，与兆丰银行往来账户的记录。

> 二〇一四年八月十四日，兆丰书面回应说，纽约分行不拥有判决书所载，债务人的任何账户或其他财产，他们也没有任何借贷。

二〇一四年八月廿七日，兆丰回应携证出庭传票表示，其纽约分行是不拥有，任何属於法判债务人的资产，并且反驳传票，试图索取在纽约分行以外的记录。

二〇一四年九月十日，B&M提交一份，由超视创始人布雷特·金史东（Brett Kingston）签署的诉状指出，兆丰与法院判决债务人关系密切，尤其是伍鲜绅隐瞒资产，包括透过巴拿马银行转帐，兆丰在那里的自由贸易区分行经理天使·卡巴贝洛（Angel Caballero）是伍鲜绅公司的职员。

兆丰辩称，"独立实体"规则禁止传票执法，也不准许知会纽约以外的兆丰分行。兆丰还认为，国际礼让原则排除，传票强制的国际合规。

然而，兆丰同意接受必要的监管，以换取可以在纽约营业，因此被要求必须遵守，提供相关资讯的传票管辖权。

为了能够在市场营运中获益，外资银行必须向金融署总监注册，取得执照，并且提交书面文件"任命总监及他或她的继任者，为实质法定代理人，来处理任何指控其纽约机构、代理机构或分公司，在交易上引起诉讼的所有过程或行动。」

二〇一五年八月十一日，纽约州最高法院、上诉庭第一司法厅罗兰多阿科斯塔法官，宣达，依纽约郡最高法院莱特法官，於二〇一四年九月十九日判决而提出的上诉，准予原告要求被告，提供传票所指的完整资讯，特予确认，及付费。

二〇一五年十月初，美国联邦储备委员会，拜访台湾金融监督管理委员会，讨论金融技术，但据银行局詹庭祯局长说没有涉及兆丰银行。

然而，前兆丰银行董事长蔡友才证实，美国联储局曾於二〇一五年十月五日，拜会兆丰银行台北总行，他因要出席立法院委员会会议而缺席，所以蔡友才早在自去年十月就已知情。

二〇一六年二月，金融署发表报告指出，兆丰纽约分行的法尊人员是由兆丰总行派任，都只略知法规要求，其法尊主任则根本就缺乏银行保密法、反洗钱法及美国对外国资产控管的知识。

二〇一六年三月廿四日，兆丰银行提出反驳一些有关金融署的指控。它宣称，某些交易毫无可疑之处，根本不构成反洗钱法所指的"可疑活动报告"，因此该交易不构成，反洗钱法所指的可疑活动。

兆丰纽约分行非常低标的金检评鉴，令人完全无法接受。金融署总监玛丽亚·布萝（Maria T. Vullo）说："金融署不会容忍公然漠视反洗钱法，将采取果断和强硬行动，来对付任何不遵守规定机构，以防止其非法交易。"

二〇一六年八月十九日，布萝宣布："兆丰国际商业银行，将支付一亿八千万美元的罚款，并成立一个独立监管单位，以防违犯纽约的反洗钱法"，并发布一份同意令，由吴汉卿、兆丰国际商业银行董事长，黄士明、兆丰纽约分行协理，和玛丽亚·布萝、金融署总监等，三人签署。

兆丰弊案是国民党团在台湾，玩法弄权的典型模式，他们早期把国库通党库，然后再把党库党产藏匿到世界各地。它发生於马英九任内，但却由蔡英文政府扛责。这是什麼样的逻辑？简直就是荒唐可恶，毫无道理。政党政治要求执政党，负起在全国发生任何大小事的责任。水能载舟、亦能覆舟。如果民进党当局不知，如何去惩处由国民党政府留下的烂摊子，那台湾人民绝对会有办法，告诉民进党政府该如何去处理。

现在，前兆丰银行董事长蔡友才已被起诉，并进入司法调查，新董事长与新总经理已经派任，正如蔡总统所说："我们一定要检讨金融监督管理，推动改革，不再让这种荒腔走板、匪夷所思的事情发生。"

希望台湾能从这个兆丰弊案，吸取教训。

以上就是新闻媒体报道的内容。但是，对于真正的问题他们并没有确切证据。伍鲜绅事件显然是为了掩盖蔡友才辞去兆丰银行银行董事长职务并转任国泰世华银行担任董事这件事。支持这一观点的证据很多很充足。自台湾离开联合国以来，台湾人一直对购买加州房地产有着狂热的爱好。由于提前退休，超过8,000人离开了台湾银行业，造成了银行业严重混乱，直到如今也如此。　永丰银行、中信银行、国泰世华银行、第一银行、上海商业储蓄银行等多家银行都搬了办公室，又或者搬离了台湾。这些银行在海外的丑闻在媒体上悄然消失。台湾的金融监督管理委员会和证券交易委员会也不愿意调查，称这违反了公共利益。

现在曝光的是这一切是如何与国民党王朝内部人士和前总统马英九联系起来的。

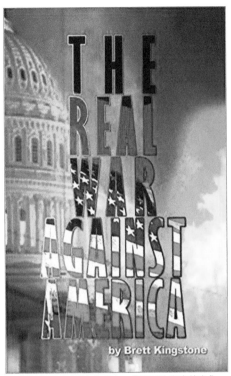

图18.1：布雷特金史东 《美国的真实战争》

第十九章

洗钱防制案——一亿八千万的新闻

我在前面几张已经提到过兆丰银行的洗钱防制案，但现在让我们再次审视这笔1.8亿美元的罚款以及其他相关的问题。正如我说过的，纽约州金融服务局责令兆丰支付1.8亿美元的罚款，同时设立独立监督人以免触犯纽约州的洗钱防制法令。罚款是兆丰银行与纽约州金融服务局订立的同意令的一部分，在同意令中兆丰银行同意立即采取措施纠正违规行为，包括设立监控机制以弥补银行法遵计划中的严重缺陷和实施有效的洗钱防制和内控措施。纽约州金融服务局主管玛丽亚·布萝于2016年8月19日在纽约州金融服务局同意令中表示：

> 纽约州金融服务局兆丰商银纽约分行的法遵制度疏失严重，持续且影响了整个兆丰金控银行体系。这表明了他们缺乏对建立一个强有力的法遵基础架构之需求的基本理解。纽约州金融服务局最近的审查发现，兆丰银行的法遵制度是一个空壳；签发此同意令是为确保未来法遵的需要。

> 纽约州金融服务局的调查结果有哪些细节呢？

首先，他们发现该银行的总部对涉及巴拿马的交易风险漠不关心。巴拿马被认为是洗钱的高风险管辖区。，而兆丰银行在巴拿马城和科隆自由贸易区均设有分行。纽约州金融服务局经调查发现兆丰银行纽约和巴拿马分行之间数笔可疑交易。众所周知，巴拿马是国民党的斥巨资以维持密切的外交关系的盟友。据纽约州金融服务局称，调查结果还表明，该分行许多客户显然是由莫萨克冯赛卡（Mossack Fonseca）法律事务所协助设立的，这些客户在兆丰银行的其它分行也开设了账户。 莫萨克冯赛卡是处于空壳公司活动中心的法律事务所之一，它旨在绕过全球的银行法和税法，包括旨在打击洗钱的美国法律，协助空壳公司活动，是巴拿马文件丑闻的核心。

纽约州金融服务局调查的结果还包括：

- 在该银行台湾总行办公的纽约分行银行保密及洗钱防制（BSA ／ AML）主管以及该分行的法遵长均对美国的监管要求缺乏了解。此外，法遵长兼任业务部门主管，负有重要的业务和运营责任，因而构成职务冲突。

- 总行和分行的法遵人员未能定期审查旨在检测可疑交易的监督过滤标准。此外，交易监督流程的许多文件都没有英语译本，令主管机构无法有效审查。

- 纽约分行关于报告持续可疑活动的指导方针严重缺失；法遵政策前后不一致；并且未能确定国外分行是否有充分的洗钱防制内控措施。

- 新闻稿的最后一段可供点击以上描述的所有详细信息。我发现一个有趣的事实：一个拥有类似银行账户的科技公司被牵涉进了科隆自由贸易区。这还是个谜。

根据本案双方签署的同意令，兆丰银行同意10天内设立独立的顾问，人选由纽约州金融服务局挑选指定，以改变该行纽约分行的政策与程序。该命令还要求兆丰银行在金融服务局确定人选后30天内聘请该独立监督人两年，以全面审查分行法遵制度的有效性。

独立监督人还应开始交易和美国财政部的海外资产控制办公室制裁审查，以确定2012年至2014年期间该行有否正确识别和报告了与海外资产控制办公室规则不一致或违反该办公室规定的交易，或涉及高风险客户或交易的可疑活动。监督人将由金融服务局委任并直接向其报告。　　金融服务局针对兆丰银行的行动值得关注，因为它代表了对第一次违规行为的重大处罚——我的意思是第一次受到调查的违规行为。　兆丰银行在此之前违反了反洗钱法，并侥幸逃脱。除了该行未能正确地监控可疑交易外，金融服务局还发现兆丰银行的法遵长并非在美国办公，而且对美国的洗钱防制要求缺乏了解。此案如果不是第一个，也是类似案件第一批中的一个，与"巴拿马文件"明显相关联的案件。

　　那么，让我们看一下"巴拿马文件"和兆丰银行之间的联系。

　　"巴拿马文件"指的是在巴拿马被泄露的一批机密文件，它们详细描述了超过214,488个离岸金融实体的财务和律师客户信息，数目达1,150万份。这些文件在2015年被匿名人士泄露，由此揭露了一个集欺诈、逃税和洗钱于一体的地下金融世界。政客、名人和体育明星们利用空壳公司进行非法活动。空壳公司是指仅存在于文件里的公司，既没有办公室，也没有员工——它可能拥有银行账户，或持有投资，又或是资产的注册所有人。有些文件最早可以追溯到20世纪70年代，来自在前文已经提到的巴拿马法律事务所和企业服务提供者莫萨克冯赛卡法律事务所。这些文件中富有个人及组织的私人财务信息以前一直是保密的。

　　这些文件是由匿名告密者通过《南德日报》向德国记者巴斯蒂安·奥贝迈耶（Bastian Obermayer）泄露的，其神秘身份甚至连从事调查工作的记者也无从得知。

　　"我的生命安全受到了威胁。"

　　他这样告诉他们。他说，泄露文件是为了让公众了解这些不公的规模。2016年4月首批泄露的文件被公开，而来自世界上80个国家107家媒体组织的记者早在一年前就对这些文件进行了分析。这些文件被称为"巴拿马文件"，因为这些文件泄露自巴拿马。

　　兆丰银行是如何被牵涉进此案的呢？已经可以确定的是，兆丰银行通过国民党与巴拿马在金融和政治上建立了非常密切的关系。该银行拥有由莫萨克冯赛卡法律事务所设立的"可疑"账户，而2016年10月5日，我的老"朋友"蔡友才在台湾因涉嫌内幕交易而被捕后被拘留。北检官员声称，"一名与'巴拿马文件'有关的台湾银行前负责人及其高级助手王起梆因涉嫌违反银行和证券法而被拘留。"据《苹果日报》报道，在兆丰银行被金融服务局罚款1.8亿美元之前，蔡友才已将其股票抢先卖掉。

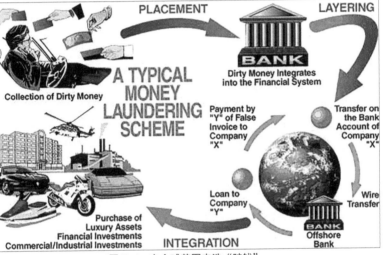

1图19.1：在全球范围内洗"脏钱"

第二十章

调解——真相大白

调解过程大约需要十个月。在2016年9　　月纽约州金融服务局的新闻传出后，无担保债权人委员会突然要求开始进行调解。弗莱申和凯利法律事务所（在修华及柯塞尔法律事务所被解雇后接手的法律事务所）突然申请调解。这就怪了！　　迪尔格·布朗和胡佛斯洛瓦切克法律事务所的律师花了三个月的时间来说服我去调解，最后为了说服我，说如果我真不愿意，我可以不出面。基本上，这是律师顾问与苏信吉之间的拉锯战。然而，奇怪的是，所有跟调解相关的信息都被泄露给了试图在TMT破产重组后逃离的贷方。情况变得很明朗了。我的疑问是：如果贷方都不愿意为达成全面和解而坐下来谈判，那么调解又有什么意义呢？专利诉讼被搁置，但所有贷方都没有直接参与这次调解。真是奇怪。

　　正如我所说，我们花了三个月来决定是否进行调解。这是达成和解的过程中一个非常模糊的解决方案。接手无担保债权人委员会事务的凯利法律事务所（此事务所为摩根大通银行服务了100多年）的律师表示：　"让我们求同存异，摒弃细节。"令我感到惊讶的是，这个过程并不包括所有人，而只是债务人、我本人以及无担保债权人。为何没有在破产重组中达成全面和解令人费解。就像在破产案中，一部分资金必须交给无担保债权人，使得看起来所有各方都同意了一样。有担保的贷款人已经以廉价把船只出售了，鲸吞了所有有价值的资产。律师们袖手旁观，装模做样，以便拿更多的钱，简直令人难以置信。就像在圣诞节给穷人捐款会感觉好受一点一样，非常可悲。

尽管投票很重要，但最后一切都取决于法官的决定。这个决定非常主观，深受在美国法律机构内的各种政治操纵、政治姿态和地位的影响。我从美国的第11章破产程序中学到了很多东西。我花了1.2亿美元，律师费高达每小时1000美元——最后，每个人都赚钱了，除了我。钱对于他们来说是多多益善。本来剩下900万美元，但很快就消耗到只剩800万美元。然而，没有人商量如何从债权人获得资金，或者从船只出售后所得金额高达4亿美元的权益中获得资金。最让我愕然的是，没有人有一个高屋建瓴的全局观。他们都只是机械地按照第11章教条和特殊术语进行操作，就像那些刚刚通过了驾驶考试、只会死板地按照最近学到的所有规则做的马路新手一样。而经验丰富的老司机则会凭他们的主动性和直觉行事。这些收取高昂费用的律师们都没有用任何主动性、想象力或直觉。他们只会机械地收取巨额法律咨询费用。

令我感到震惊的是，最后送批的所有文件都是在最后一刻由律师撰写的，我觉得法官甚至在对这些文件并不理解的情况下便签署了。就好像他们都聚在一起达成了什么协议，然后据此编造了一些文件出来，而文件所述并非事实。

在破产法庭上，事实并没有被披露！

要是时光倒流，我绝对不会同意将贷款出售给麦格理银行，而且我有充分的理由与兆丰银行在这件事情上持不同意见。此外，由于债务人的律师篡夺了对案件的控制权，事情对破产法官来说变得不易理清，艾睿铂和艾斯本·克里斯坦森控制了所有债务人，我相信他这样做违反了他的职责。他于2017年10月在纽约作证说，艾睿铂以"合成循环"作术语将资金从30多个账户转入和转出，因此没有人可以整合全部的信息。实际上，法官做出判定的前提是所有大律师行的律师都说实话，但我觉得他们并非如此。　无担保债权人委员会坚称自己应得的权益比以前他们想要的多得多——债务人（船公司）希望我退出，所以我看起来像坏人，他们看起来像好人。债务人还担心他们所做的事情会被发现——所有的船舶买卖都在美国以外的司法管辖区进行，因而破产法院对此无能为力。信用投标不当，而且没有遵守法规。　伊斯古尔法官知道有问题——我的意思是，弗莱申要求销毁所有文件（他为什么要这样做？有什么东西需要隐藏吗？），但法官不会允许这样的事情发生。

现在债务人与贷方携手合作，想阻止我进行诉讼——他们想阻止我做调查进而发现更多的真相。根据DIP贷款，DIP贷方有权对每艘船提取2000万美元的二次抵押贷款。他们做到了。　弗莱申是签署二次抵押贷款文件的指定债务人。虽然我在前文已经说过了，但我想再说一遍：麦格理银行（DIP贷方）一定有不当行为。麦格理的律师于2014年3月记录了这一情况，但相关文件却把日期倒签到破产申请提交时的日期。　弗莱申要么是同谋，要么是无能。我更倾向是前者。在没有查看所有贷款文件的情况下怎么可能监督法拍销售呢？

许多正在进行的诉讼我暂时还不能讨论，但诉讼受托人拥有着很大权力。　弗莱申没有调解权，诉讼管理人可以追究赔偿，但没有人可以"购买"赔偿。让我解释一下，债权人委员会越来越倾向于让诉讼受托人来处理第11章程序中的复杂诉讼。当债务人的资产包括了对第三方的潜在赔偿时，诉讼受托人成为了债权人委员会的工具。在那之前，美亚博以1美元的价格把赔偿卖给了明尼苏达州的威尔明顿信托。

MAYER·BROWN

Mayer Brown LLP
1675 Broadway
New York, New York 10019-5820

Main Tel +1 212 506 2500
Main Fax +1 212 262 1910
www.mayerbrown.com

Michael F. Lotito
Direct Tel +1 212 506 2521
Direct Fax +1 212 849 5527
mlotito@mayerbrown.com

November 26, 2014

BY COURIER, FACSIMILE,
AND ELECTRONIC MAIL

Mr. Hsin-Chi Su
10th Floor, No. 245, Sec. 1
Dunhua S. Rd.
Taipei City 106
Taiwan
Facsimile: 886-2-8771-1559
Email: ghung@colonmail.com
Attention: Hsin-Chi Su
Greene Hung

Re: Notices of Assignment and Transfer

Dear Sirs:

Enclosed herewith are copies of the following notices:

- *Notice of Assignment and Transfer to Borrower, Other Obligors and Account Bank* with respect to that certain Facility Agreement dated 21 June 2010 (as amended, restated, supplemented, or otherwise modified) made between C Whale Corporation, as borrower, Great Elephant Corporation, as English guarantor, the financial institutions from time to time party thereto, as lenders, Mega International Commercial Bank Co., Ltd. ("**Mega Bank**"), and CTBC Bank Co., Ltd. (formerly known as Chinatrust Commercial Bank Co., Ltd.) ("**CTBC**"), as arrangers, and Mega Bank, as agent and security trustee;

- *Notice of Assignment and Transfer to Borrower, Other Obligors, Other Lenders and Account Bank* with respect to that certain Facility Agreement dated 28 September 2010 (as amended, restated, supplemented, or otherwise modified) made between D Whale Corporation, as borrower, Ugly Duckling Holding Corp. ("**Ugly Duckling**"), as English guarantor, the financial institutions from time to time party thereto, as lenders, Mega Bank and CTBC, as arrangers, and Mega Bank as agent and security trustee;

- *Notice of Assignment and Transfer to Borrower, Other Obligors and Account Bank* with respect to that certain Facility Agreement dated 9 March 2011 (as amended, restated, supplemented, or otherwise modified) made between G Whale Corporation, as borrower, Ugly Duckling, as English guarantor, the financial institutions from time to time party thereto, as lenders, Mega Bank, CTBC, and First Commercial Bank Co., Ltd. ("**First Bank**"), as arrangers, Mega Bank, as agent, and CTBC, as security trustee; and

Mayer Brown LLP operates in combination with other Mayer Brown entities with offices in Europe and Asia
and is associated with Tauil & Chequer Advogados, a Brazilian law partnership.

图20.1a-e：从美亚博律师行转到威尔明顿信托的转让通知

Mayer Brown LLP

Mr. Hsin-Chi Su
November 26, 2014
Page 2

- *Notice of Assignment and Transfer to Borrower, Other Obligors and Account Bank* with respect to that certain Facility Agreement dated 7 June 2011 (as amended, restated, supplemented, or otherwise modified) made between H Whale Corporation, as borrower, Ugly Duckling, as English guarantor, the financial institutions from time to time party thereto, as lenders, Mega Bank, CTBC, and First Bank, as arrangers, Mega Bank, as agent, and First Bank, as security trustee.

Please review and take notice of the contents therein.

Sincerely,

Michael F. Lotito

ML/ml

Enclosures
cc: Joshua G. James, Vice President, Wilmington Trust, N.A. (by electronic mail)

NOTICE OF ASSIGNMENT AND TRANSFER
TO BORROWER, OTHER OBLIGORS AND ACCOUNT BANK

To :   C Whale Corporation (as borrower, owner and pledgor under the relevant Finance Documents (as defined below), the "**Borrower**")
Great Elephant Corporation (as English guarantor under the Facility Agreement (as defined below, the "**English Guarantor**")
TMT Co., Ltd. Panama S.A. (as subordinated lender under the relevant Finance Document, the "**Subordinated Lender**")
16th Floor, No.200, Sec 1, Keelung Rd., Xinyi District, Taipei City 11701, Taiwan
Attention: Mr. Hsin Chi Su

Taiwan Maritime Transportation Co., Ltd. (as guarantor under the relevant Finance Document)
16th Floor, No.200, Sec 1, Keelung Rd., Xinyi District, Taipei City 11701, Taiwan
Attention: Mr. Hsin Chi Su
Mr. Hsin Chi Su (as guarantor under the relevant Finance Document)
16th Floor, No.200, Sec 1, Keelung Rd., Xinyi District, Taipei City 11701, Taiwan
Attention: Mr. Hsin Chi Su

Mega International Commercial Bank Co., Ltd. (as depository bank of the pledged and charged accounts pledged and charged pursuant to the relevant Finance Document(s)
100 Chi-Lin Road, Taipei 10424, Taiwan, Republic of China

Date: 14 August 2014

Dear Sirs

We refer to the following documents:

1.   a facility agreement dated 21 June 2010 (together with all amendments, supplements and addenda thereto from time to time, called the "**Facility Agreement**") made between (1) the Borrower, as borrower, (2) the English Guarantor, as English guarantor, (3) the financial institutions named therein, as lenders (collectively, the "**Lenders**"), (4) Mega International Commercial Bank Co., Ltd. ("**Mega**") and CTBC Bank Co., Ltd. (formerly known as Chinatrust Commercial Bank Co., Ltd.), as arrangers (collectively, the "**Arrangers**") and (5) Mega, as agent and security trustee (in such capacity, the "**Existing Agent**", and together with the Lenders and the Arrangers, the "**Finance Parties**"), pursuant to which the Lenders have made available to the Borrower certain secured term loan facilities of Dollars Eighty Four million ($84,000,000) (the "**Loan**") upon the terms and conditions contained therein;

2.   the other Finance Documents executed pursuant to the Facility Agreement;

3.   a notice of resignation dated 20 June 2014 issued by the Existing Agent to the Finance Parties and the Borrower;

4.   a successor agent agreement dated 11 August 2014 (the "**Successor Agent Agreement**") executed by the Lenders and Wilmington Trust, National Association

(the "**Successor Agent**"), pursuant to which the Lenders have accepted the Existing Agent's resignation as agent and security trustee under the Finance Documents and appointed the Successor Agent as successor agent and security trustee pursuant to clause 26.12 of the Facility Agreement upon the terms and conditions contained therein;

5.   a transfer certificate dated as of 11 August 2014 (the "**Transfer Certificate**") executed by the Existing Agent in favour of the Successor Agent pursuant to which the Existing Agent has assigned and transferred to the Successor Agent the Existing Agent's claim under the Finance Documents in the principal amount of Dollar One ($1); and

6.   a deed of assignment dated as of 11 August 2014 (the "**Deed of Assignment**") executed by the Existing Agent and the Successor Agent pursuant to which the Existing Agent the role and status of the agent and security trustee and all present and future rights, benefits, obligations and liabilities of the Existing Agent arising from or in connection with (a) the Finance Documents, (b) the relevant enforcement titles/orders and ongoing legal proceedings and (c) applicable laws.

NOW WE HEREBY GIVE YOU NOTICE THAT :

1.   With effect from the date of the Successor Agent Agreement, the Lenders accept the resignation of the Existing Agent as agent and security trustee under the Finance Documents and appoints the Successor Agent to act as successor agent and security trustee under the Finance Documents.

2.   With effect from the date of the Transfer Certificate, the Existing Agent has transferred its claim under the Finance Documents in the principal amount of Dollar One ($1) to the Successor Agent.

3.   With effect from the date of the Deed of Assignment:

    (a)   The Existing Agent has assigned and transferred the role and status of the agent and security trustee and all of its present and future rights, benefits and obligations arising from or in connection with (A) the Facility Agreement and the other Finance Documents (as defined in the Facility Agreement), (B) the relevant enforcement titles/orders and ongoing legal proceedings and (C) applicable laws to the Successor Agent.

    (b)   The Successor Agent has accepted and assumed the obligations of the Existing Agent under the Finance Documents and shall perform and comply with such obligations under the Finance Documents as if originally named as an original party thereto.

    (c)   The Existing Agent is discharged from all its obligations and liabilities in respect of the Finance Documents whether present or future, actual or contingent. The rights of the Borrower and the other Obligors against the Existing Agent shall be cancelled.

(d) All notices and communications to the Successor Agent under clause 31 of the Facility Agreement and any analogous provision in any of the other Finance Documents shall be delivered to the following:

Wilmington Trust, National Association
50 South Sixth Street
Suite 1290
Minneapolis, MN 55402
Attention: Joshua James
Facsimile: 612-217-5651

(e) All notices and communications to the "Agent" and "Security Trustee" under the Finance Documents should be addressed to the Successor Agent only.

4. All other terms of the Finance Documents remain unchanged.

This Notice and your acknowledgment hereto shall be governed by and construed in accordance with the English law.

Yours faithfully

For and on behalf of
MEGA INTERNATIONAL
COMMERCIAL BANK CO., LTD.
(as Existing Agent)

Name: Priscilla Hsing
Title: Vice President and Deputy General Manager

For and on behalf of
WILMINGTON TRUST, NATIONAL ASSOCIATION
(as Successor Agent)

Name:
Title:

34627230.1

美亚博法律事务所的债权人律师查尔斯·凯利受威尔明顿信托所托就我的个人担保向我提出诉讼。我奋起反击，最终，那个案子不了了之。他们自掘坟墓，我从他们那里发现了很多事情。凯利在提出申请时用了一个错误的日期，我的律师迪尔格·布朗抓住了这个错误——因此他弃权出局了。或许他终于意识到他被兆丰银行和国民党利用了？这就是美亚博律师行的纽约、香港（孖士打）和伦敦办事处需要接受调查的原因，因为他们是整个兆丰银行与国民党丑闻的主要参与者。

还有一点，他们说我为人古怪、以自我为中心，还说我天马行空，一口咬定一些匪夷所思的事情。如果真是这样的话，那么他们现在就应该非常努力地追在我后面试图彻底摧毁我了。他们为什么没有这样做呢？因为他们对我所拥有的证据感到惊恐。如果我什么证据都没有的话，我现在就死定了。他们担心终有一天会真相大白。

他们非常地担心！

当然，他们也可以尝试把我杀掉。我将在下一章告诉我的读者们我已经收到的死亡威胁。

图20.2：苏信吉在破产法庭

第二十一章

电视曝光及死亡威胁

"旋转门"之幽灵闪现，然后又消失在金融的迷雾中。 2010年，兆丰银行上门示好，希望跟TMT建立金融合作关系而给了A DUCKLING号船公司一笔2500万美元贷款；这是TMT向兆丰银行的第一笔贷款。联鼎法律事务所起草了贷款文件，其内容至少可以说 "不正常"的。这些文件没有考虑到第一船舶留置权的质押，而TMT当时对船舶贷款并不熟悉。文件中所有的重点都是关于违约的，有超过50页写着关于在违约情况下对质押物如何处理的内容。该银行可以随时接管A DUCKLING号船公司及其担保人（丑小鸭公司），并可以对其为所欲为。这些文件看起来更像是公司财务文件，而不是简单的航运贷款文件。巴拿马的A DUCKLING号公司在未经我同意的情况下，授予了贷款人兆丰银行创建和销售新公司的全部权力。现在已经很清楚了：这是一个陷阱。 TMT从2010年第一笔贷款开始就是兆丰银行的目标。

我很清楚，蔡友才口中的周美青夫人一定在批准贷款之前就制定了计划——纽约和华尔街的金融律师可能就文件向她提出过建议。 据TMT的律师迪尔格·布朗称，美亚博在香港、休斯敦和纽约的主要律师在2013年和2014年深入参与了兆丰银行与TMT的案件，但纽约美亚博的名字从未正式出现在TMT的破产重组案中。 兆丰银行前副经理张定华也被牵涉其中。在兆丰银行的洗钱事件曝光后，我让联鼎的律师来TMT的办公室。他们只出现过一次便没有再来过。此事发生在

9、10月的台北，也就是1.8亿美元洗钱防制案后一个月。

如果X计划是由周美青夫人精心策划的，那么接下来她一定会在跟她的家人和顶级法律顾问商量后决定谁将被提名为银行CEO，其中包括兆丰银行、第一银行、高雄银行、彰化银行、台湾合作银行、土地银行、华南银行、中信银行、国泰世华银行、永丰银行、上海商业储蓄银行和台中银行。她可能向这些银行单独说明如何以及何时进行交易，确保没有人看到整件事情。那就是X计划。

2014年国民党内开始纷纷私下谈论取得辉煌成功的X计划。此外我几乎可以肯定，越贪婪之人定会越深入地参与此事。这些人包括国民党高层政客，那些通过出售TMT资产获利的银行董事长们。对此我还需进一步调查来发掘这些问题的答案。

阴谋总是会产生无法预料的后果。最困难的事情莫过于完全销毁证据。纸包不住火，一些细节总会泄漏——以下便是其中一些，我将逐一概述。

1）TMT破产重组案是由贷款人律师、DIP贷款人、债务人和无担保债权人相互勾结、共同行动的结果。

2）TMT破产重组案被用作将资金从台湾转移到海外的工具，透过各方之间预先安排的互换合同，从不同的途径转移资金。主要参与方有麦格理银行、摩根大通银行、德意志银行和香港SC　洛伊金融公司。

3）贷款的地理位置和发生时间被分割成许多部分，因此如果不进行大数据分析，很难把握大局，了解全部的情况。

4）有关各方设法让事件发生的司法管辖区不在台湾——这样就可以避免在台湾发生刑事案件。

5）国民党王朝拥有提名银行董事长以及凌驾于法律制度之上的总权力。

6) 只要你对资金如何在中国历史的长河中最后流到清朝末代皇帝的手里有所了解的话，那么你就能理解60年来所涉及的资金规模在100亿美元到1000亿美元之间这一惊人数字。据估计，在20世纪50年代，蒋介石及其夫人在美国所拥有的资产是当时中国GDP的四倍——他们从鸦片、军事援助以及其他来源获取资金。

7) 透过场外交易（又称店头交易，Over-the-counter）达成的互换合约（SWAP）没有银行代码（SWIFT code）支付记录。参与的律师们来自蜚声国际的法律事务所，如美亚博、宝维斯、凯利、温斯顿、诺顿罗氏（Norton Rose Fulbright）以及许多其他著名的得克萨斯州破产律师。

8) 台湾媒体关于伍鲜绅和超视的故事是虚假的"烟雾新闻"，目的是分散转移大众对兆丰银行洗钱案的注意力。

9) 这个丑闻规模庞大，涉及至少十家兆丰银行分行，包括新加坡、香港、台北、敦南、科隆、巴拿马城、洛杉矶、芝加哥和纽约等地的分行。其他30多家台湾主要银行的分行也涉嫌参与其中。

2014年1月8日与伊斯古尔法官签订的DIP贷款条款非常奇怪，令人难以理解。　温斯顿法律事务所的施赖伯、布雷斯韦尔与朱利安尼法律事务所的弗莱申以及美亚博的凯利很有可能受金溥聪的指示而告诉法官，允许二次抵押贷款的担保物为2000万美元的DIP贷款做担保——DIP贷款被用作释放、移动船舶和支付法律费用的营运资金。这只是一个假设，因为金溥聪毕业于得克萨斯大学并且多次到访得克萨斯，包括2013年6月，当时我们正申请破产重组。奇怪的是，在第一份文件中，DIP贷方律师没有向伊斯古尔法官披露利益冲突，因为麦格理银行也是贷款人。2000万美元的贷款在这些文件中是以复数录入的，而不是单数，即每笔2000万美元的数笔贷款。这意味着16艘船舶是总额为3.2亿美元的二次抵押贷款的质押物，而DIP贷款仅为2000万美元。这很奇怪，有万泰股票担保的贷款只有2000万美元——为什么二次抵押贷款这么多？重要的是，我向我的律师提出这个问题并与之就数据欺诈而争论，但我的律师坚持认为这是破产法中的常见做法。我相信法官没有将其解读为"数笔二次抵押贷款"——他肯定将其解读为"二次抵押贷款（单数）"并相信美国律师会对此诚实。我的论点是，台湾财政部将银行贷款减少一半，"中国投资基金"可以在2000万美元融资之上增加更多资金，使交易看起来更有利可图。有购买意向的买家已经准备就绪。 橡树资本向世界各地的指定账户付款，然后2000万美元被与资金来源分开，以便橡树资本在2014年2月和3月的交易完成后100％拥有该贷款。

让我们说得明白一点，金溥聪在马英九总统及其夫人的领导下拥有巨大的权力。他于2012年底被任命为华盛顿特区的台湾驻美代表，同一时间A Ladybug号轮担保贷款被卖给了麦格理银行。麦格理台湾办事处距台湾国民党总部仅30米，国民党与麦格理在悉尼、纽约以及台湾之间显然有着密切的联系。此外，麦格理的DIP贷款由温斯顿法律事务所组织协助完成的，由当时的指定债务人弗莱申签署，然后在2013年3月获得超级优先权。温斯顿法律事务所华盛顿特区办事处有一位律师参与了那笔2000万美元的二次担保贷款的签名——该律师是受金溥聪指使的吗？问题的答案悬而未决。

台湾民视（FTV）的电视节目PTT（一个被700万台湾人每天用来讨论政治和经济政策的博客）从2017年6月28日起开始报道TMT案件。一周内，400万台湾公民在社交媒体上跟踪此案，导致了有人对台湾民视和我本人发起了死亡威胁。 民视新闻台的有关节目于2017年6月28日至30日播出。有趣的事情开始发生了：摩根大通在2017年6月底解雇了台湾的CEO以及另外十名银行人员；2017年6月28日台湾民视从一个亲国民党的消息来源处收到了第一个死亡威胁，告诉他们马上停止播放有关TMT报道；第二个死亡威胁是针对新闻主播、他们的家人和其他相关人员，包括我自己。一个男人在威胁中声称"他们"控制着台湾的金融和法律机构，所以我们无法打败他们。新闻主播不得不停止报道，为了自己的安全离开台湾，而我也不得不飞往美国保护自己。

　　存入美国和其他国际银行的钱是从何而来的呢？今天这个非常简单的问题再次被提出来。在2008年至2009年金融危机之后（现在被共和党政客轻视），《多德 – 弗兰克法案》在2010年被采用。执行客户背景调查成为获取公司的真实身份和资金来源的必要程序。这些资金估计是通过洛杉矶、芝加哥和纽约进入美国，然后存入兆丰和其他涉及此丑闻的台湾银行。

　　资金来源的证据必须被披露。

图21.1：台湾民视新闻台

　　正如我所说，有关TMT事件的报道于2017年6月在台湾的台湾民视播出了三天。在最后几天，新闻主播的前男友给她打了两个电话，告诉她不要继续播报了。

　　"为什么不继续播报？"

　　"因为这太危险了。"

　　她忽略了这个警告，在第二天继续播报，当时我和一位名叫飞坂有三的日本金融专家来到台湾民视与金融监督管理委员会一起接受采访。随后又发生了数起匿名的死亡威胁，宣称每个与该节目有关的人员都将有生命危险。于是我们几天后离开了台湾，所有的广播都停止了。

　　这些威胁证实了TMT案是真实的——千真万确——我要实话实说，而某些人对此非常害怕。我证明了我的清白。然而，从那时起，我感到不安全。当我去往世界各地时，我会掩藏自己的踪迹——你知道的，"天有不测风云，人有旦夕祸福"——有些人"自杀"了，即使他们没有自杀动机。而且，在大多数情况下，很难证明那根本不是意外或自杀。

　　然而，这并没有阻止我调查全球金融状况的脚步，而我现在正在撰写的第三本书将全面揭露国际金融腐败，打开"潘多拉魔盒"并将里面的秘密彻底曝光，包括政府高层与银行精英们的腐败、欺诈和洗钱行为。

　　敬请留意！

　　最新消息——台湾政府于2018年关闭并转移了台湾民视新闻台的频道。在撰写本书时，没有人知道发生了什么。

图21.2：暗杀

第二十二章

官场腐败，马金王朝的没落

国民党的故事是一个传奇，多年来在台湾一直被禁止谈论。你甚至会因为说国民党的坏话或暗示他们腐败而入狱——尽管他们确实是。因为他们的地位是不可动摇的。 纽约州金融服务局洗钱防制调查以及1.8亿美元的罚款让台湾人们大开眼界，如果之前他们还未见识过如此规模的腐败的话。但是，为什么2300万的台湾人要等到一个外国政府机构来揭露真相呢？因为台湾媒体上的信息都是受政府控制的。

金溥聪先生是爱新觉罗族人、清朝十二个也是最后一个皇帝溥仪的亲戚。金溥聪拥有驻美代表和前总统马英九私人秘书的双重身份。马英九和金溥聪被普遍认为是台湾政界密不可分的一对拍档,都曾为蒋介石之子蒋经国工作。多年来，他们作为蒋经国这位无冕之王的亲信拥有着巨大的权力，并且成功铲除了所有的对手——直到2016年。即使马金派的党羽政治力量强大，但有一个人，就是钱复先生，据说只需一个电话就可以完成一万美元的合并案，并能以其巨大权威干预银行的借数十亿。

金溥聪在2012年至2014年间担任台湾驻美代表，这一时间与A Ladybug号及其余所有TMT船舶根据第11章出售的时间完全吻合。他还与华盛顿的温斯顿法律事务所有来往，该法律事务所负责处理TMT破产案的DIP贷款事宜。这是巧合吗？我不这么认为。我还在继续探索调查，会在未来出版的书中揭露更多真相。

台湾银行与摩根大通、澳新银行、巴克莱银行、渣打银行和汇丰银行之间的关系由来已久，非常密切。因此，将国民党的资金融入到国际银行之中并非难事——两者在私人和企业银行业务方面都有着紧密的联系。

当我们密切关注国民党内人士及其财务关系时，我们很明显地发现他们能在台湾银行和海外银行同业的帮助下将TMT当成目标。这里有几个主要问题需要考虑：

1）导致2008年西方金融危机的"垃圾"——债务担保证券（CDO）和信用违约交换（CDS）——在随后几年（2009年至2011年间）大量进入台湾的交易市场。许多西方银行和控股公司在台湾成立了办事处，台湾成为了金融衍生品中心。

2）为何选台湾呢？因为这得到了台湾财政部的允许，它认为这没有违反台湾的利益。但为什么台湾的银行法会允许饱受危机冲击的西方金融体系的余孽——债务担保证券和信用违约交换进入台湾呢？因为国民党和摩根大通互相勾结，狼狈为奸。

别忘了，马英九的女婿蔡沛然被安排在摩根大通工作，这是一个协助共谋的完美位置。因此，大型西方银行欠了国民党人情，摩根大通得以投资于TMT的16艘船舶贷款销售　——促成了国民党资金在互换合约和洗钱过程中从台湾流出。

这种触犯香港《反海外腐败法》的裙带关系最终导致了摩根大通因"子女项目"而被罚高达2.64亿美元，仅在2016年8月兆丰银行被纽约州金融服务局以洗钱防制违规罚款1.8亿美元的两个月之后。还有一个问题是：2017年6月28日台湾摩根大通突然宣布解雇CEO以及十位银行人员背后的真实原因是什么？　摩根大通没有透露真正的原因，只是声称他们　"违反了内部规定"。摩根大通香港负责人不得不迅速填补该空缺。

图22.1：摩根大通

以下摘录自2016年11月16日《南华早报》
　　　聘用富家子弟有什么问题？

　　本周四，美国证券交易委员会于一份声明中表示，美国摩根大通银行已经同意为通过雇佣中国高官子女及亲属以获得业务一案赔偿2.64亿美元已达成和解。

　　该和解结束了为期三年的对其纽约分行的招聘行为是否违反了美国的反贿赂法进行的调查。调查的重点在于摩根大通是否有系统地针对中国最有影响力的高层官员、政策制定者和商界领袖的亲属进行招聘，达到讨好中国决策者的目的。

　　摩根大通将向美国证交会支付1.3亿美元。根据美国证交会声明，预计它还将向司法部支付7200万美元以及向美联储支付6190万美元。

　　美国证交会执行主管安德鲁　　　•塞雷斯尼（Andrew　Ceresney）在声明中表示，摩根大通通过雇佣不合资格的高层官员子女和亲信有系统地实施贿赂计划。摩根大通的员工明知此举涉嫌违反《反海外腐败法（FCPA）》，但是因为利益可观，明知故犯。

监管部门表示，摩根大通亚洲部建立了一个允许客户和政府高官推荐应聘者的招聘项目。美国证交会表示，通过该项目招聘的人员绕过了公司正常的招聘程序，在摩根大通获得了"高薪而有益于职业发展的就业机会"。

美国证交会还表示，在长达7年的时间里，约有100名摩根大通的实习生和全职员工是通过该项目受聘的。摩根大通因此赢得或者保持的业务总收入超过1亿美元。

"我们很高兴我们对此调查的合作得到认可，"摩根大通发言人布莱恩•马尔基奥尼（Brian Marchiony）在一份电邮声明中表示。"这种行为是不能接受的。我们在2013年停止了这个招聘项目，并对参与的人员采取了行动。我们也在改进我们的招聘流程，加强了对员工行为的高标准要求。"

据《华尔街日报》2015年12月报道，根据作为美国政府调查的一部分的银行文件，在香港上市的主要大陆企业中，有四分之三的公司主要负责人的子女或亲属都被摩根大通招揽成为雇员。该项目从2004年开始一直持续到2013年，在内部被简称为"子女"。

美国对摩根大通的调查已经导致了至少两名资深银行高管被免职。据道琼斯通讯社（Dow Jones Newswires）报道，摩根大通亚太区投行业务副主席马宏涛（Todd Marin）和亚洲投行业务副主席梁嘉彰（Catherine Leung）于2015年2月离职。

美国证交会的声明中没有对任何摩根大通的员工点名，美国当局也没有宣布对该银行或其员工提出任何刑事指控。

子女或亲属与摩根大通的招聘项目有关的中国官员名单就像是一本中国领导人和著名企业家的名录一样。

中国商务部长高虎城之子高珏受聘于该银行。中国光大集团董事长唐双宁之子唐晓宁除了曾在该行工作过之外，还曾受聘于高盛（Goldman Sachs）和花旗集团（Citigroup）。

一些高管还将亲戚或他们朋友的子女推荐到该银行实习。

香港金融管理局（Hong Kong Monetary Authority）副总裁的彭醒棠（Peter Pang）曾于　　2006年向摩根大通推荐了其子做实习生。

香港证券交易所（HKEX）现任行政总裁李小加（Charles Li）在2003年至2009年担任该银行中国区董事长时，将中国证券监督管理委员会前任官员黄红元的女儿介绍到该行实习。

摩根大通并非唯一被调查的银行。汇丰银行、高盛公司、瑞士信贷银行、德意志银行和瑞银都被质疑它们的招聘流程。

华德士公司（Robert Walters）香港和深圳金融服务总监约翰·穆拉利（John Mullally）说："在金融服务方面，如果你有关系，你就可以利用这些关系来开展业务，这是投资银行的一部分，特别是在目前困难的商业环境中。　中国与世界其他地方的情况并无特别的不同。"

今年早些时候，利比亚主权财富基金声称，高盛试图聘用该基金当时副主管的弟弟为实习生，以图说服该副主管从该银行购买金融衍生品。然而，一名伦敦法庭的法官在10月份裁定此举对利比亚投资局进入该交易的决定没有产生实质性的影响。

自习近平主席掌权以来，一直着重反腐的中国共产党并没有禁止干部子女在外国银行工作。北京大学反腐专家庄德水说："这些孩子本身并不是公务员，在就业方面可以享有充分的自由。　但官员们必须在报告中填写他们的配偶和子女的工作单位并向党提交相关的个人信息。"

台湾的"英国关系"是通过苏格兰皇家银行、麦格理银行、澳新银行、渣打银行、汇丰银行和巴克莱银行建立的。在国民党和台湾财政部的协助下，所有这些银行都与2007年至2009年西方金融危机的善后工作有关。

金融世界很小，不是吗？

在这样一个小小世界的背景下，我想重申兆丰银行与帕帕斯及其星散海运的关系。如你所知，2010年4月，A　Duckling号船公司只在一家公司注册了两艘船，这是帕帕斯和兆丰银行关系特别好的时候。最终，帕帕斯也受益于TMT的破产，他本来也很乐意协助兆丰银行达到这一目标。

然后是我之前提到过的"子女项目"招聘计划。我在这里详细说明一下。　2016年11月，摩根大通被指控　2006年至2013年间有系统地实施贿赂（此案兼备民事和刑事指控），因而不得不支付2.64亿美元的罚款达成和解。为了获得香港地区的业务，该银行同意雇用一百多名中国政府官员的亲友，此举为该银行带来了数百万美元的收入。这种做法并不局限于香港——我的意思是，蔡友才的儿子在渣打银行工作，我们也讨论过"大姐"的女婿如何在摩根大通轻易捧得金饭碗。他们被称为"关系小孩"。"关系"可以拼写为Kuanxi或Guanxi，指的是个体影响力网络中的基本活力因子，它是中国社会的核心文化理念。有关系的年轻人能获得更高的工资和更好的工作条件，因为他们背后有人。

在餐厅里给服务员小费，感谢他们卖力工作以及提供良好服务是一回事。但为了回报而提供贿赂又是另一回事。这样的例子在历史上屡见不鲜：洛克希德（Lockheed）、西门子（Siemens）、凯洛格布朗（Kelloge Brow）、BAE系统、香港前政务司司长许仕仁（Rafael Hui）还有香港富豪郭炳江（Thomas Kwok）。类似例子在世界各地如日本、阿根廷、尼日利亚、孟加拉国等等国家也是俯拾皆是。

正是这种大行其道的高层腐败协助并促成了国民党的计划。它勾结利用银行业、会计业、法律界、政界和媒体业中的上层精英而不受惩罚，完全无视法律。就国民党而言，法律形同虚设。他们还利用了一个由数国领导人构成的小型关系网，因为如果没有与某几个领导人的秘密合作的话，这种规模的计划就无法成功。

但是现在，潘多拉魔盒已经被打开，肮脏的秘密正在四处逃逸。这已经导致了马金王朝在政治上的垮台。那么，离它在法律上的垮台还需要多久？离它因其罪行锒铛入狱还需要多久？

因为，监狱才是它应该去的地方。

图22.2：贿赂和腐败

22.3: Bank robbery

第二十三章

造船欺诈事件

2014年，新闻媒体上刊登了一则消息摘要："由台湾最大的私人造船厂庆富造船有限公司、美国国防公司洛克希德马丁公司（LOCKHEED MARTIN CORP.）和意大利公司INTERMARINE SPA组成的财团赢得了为台湾海军建造六艘猎雷舰的合同。" 当时正值国民党企业洗钱的高峰期。对我来说，除了关键数据之外，一个月内出现了太多故意泄密事件，而关键数据却从未被曝光过。关键数据应该是：

- 来自庆富造船董事长的评论。

- 新船的付款和交付日期的详情。

- 银行和承包厂商的还款保证。

- 政府向造船厂的付款担保。

我的第一个问题是："为什么不让中国造船（CSBC）承造呢？"毕竟他们才是台湾最大的造船和工业机械集团，其造船能力比庆富强得多。是否存在私人、政府双重控制的因素呢？通常，承建船厂的资格和融资状况都会影响国防部长的履约保证——政府担保的政策是"国舰国造"。

庆富董事长陈庆男先生给前总统马英九写的一封信中泄露了其中一个答案。该信敦促前总统马英九支持"国舰国造"政策，而该政策在他连任八年总统后退休前三个月获得批准。

还有其他异常——在生产船舶所需的设备有80％是在欧洲或美国准备的情况下，如何能在两年内完成建造这些船呢？设备尚未交付，甚至采购也无法完全保障。通常情况下，台湾海军和国防部会知道很多细节，掌握进度和交付时程。这种设备需要台湾银行的担保，然后是政府对融资的担保。所有这些供应链管理信息都需要由庆富造船公司陈董事长披露，但我们却没有这些信息。

　　除此之外，海军的订船首付款实在不够。合同签了三年之后，到了9月17日，实际支付给庆富造船的是什么呢？庆富的附加值最多为造船成本的20％。据称，合同中有10％的佣金；无可否认，目的是试图赚钱支持造船。通常情况下，款项不会在签订合同时支付，而会分期付款。

　　根据造船惯例，分期付款分5期，每期付总额的20%：

1）注册

2）订购设备

3）钢切/龙骨铺设

4）调试

5）交付船舶。

我想知道为什么最多只有40％支付给了庆富造船。这个假新闻背后的真相到底是什么？此案账面上总损失为6亿美元，每个联合贷款损失了40％。是的，40％的资金用于支付100％的融资。然而，大部分资金都是用购买设备的，所以庆富造船实际上并没有亏钱，只要它没有真正开始全面造船。船舶部件仍然只是"零件"而已，没有组装。

　　然后事实证明我是对的。　2017年8月，欺诈事件曝光，台湾最大的私人造船厂庆富造船被债权银行接管。董事长陈庆男被发现在2014年至2016年期间使用假海军船舶合同从台湾银行财团处获得总额为4．98亿美元贷款。据检察机关称，该造船厂还成立了多家海外空壳公司进行洗钱活动。　该造船厂的几名高级主管被捕，债权银行接管了庆富造船的财务管理，以维持业务运营，避免造船厂破产。

这与TMT和苏信吉又有什么关系？

好吧，正如我所说，该欺诈事件发生在2014年，我相信这条烟雾新闻是为TMT案以及国民党在2012年至2015年间将资金从台湾转到海外账户打掩护而炮制的。

一旦回答了以下问题，真相就会浮出水面：造船合约；向意大利、法国和其他西方军备供应商的退款保证；采购合同；各项截止日期；交船日期和付款时间表。没有国防部发言人解释这一军备订单，有的只是关于政府银行损失的讨论。

图23.1：庆富造船公司

第二十四章

巴拿马

2016年第四季度，台湾与圣多美和普林西比断交。圣多美和普林西比是一个靠近西非海岸赤道附近的小岛国。这是当时所有媒体上的重大新闻，蔡英文政府的外交声誉因此陷入了深深的困境。中华民国曾保证向该国投资超过2.5亿美元，用于包括港口和基础设施的发展，几乎相当于该国一年的国内生产总值。与之相反，自圣多美和普林西比独立以来，台湾在帮助该国消灭疟疾以及支持农渔业方面花费的资金却很少。

然后，突然之间，台湾与巴拿马这一更重要的外交国也断交了。蔡英文政府承认巴拿马只提前了几个小时通知他们。有没有可能台湾为巴拿马运河的融资花费了大量资金，以换取其对开设用于洗钱目的的175个账户大开方便之门呢？而对圣多美和普林西比的投资是不是也有可能与巴拿马类似，真正目的并不是发展该国的基础设施呢？

正如中国和台湾的外交关系，国民党与中国的关系如此紧密，台湾财政部很可能受到了国民党内部人士的巨大影响，企图隐瞒巴拿马丑闻的证据，目的是避免被直接起诉——如果那175个账户被发现的话。

台湾国会同意将这175个账户封存十年，并不对其披露。民进党与国民党（台湾执政党和反对党）共同通过了《国家安全保密法》。这引起了公众的怀疑：此举是否内有乾坤？而台湾政府沉默了好几个月——只是做了新闻的善后工作，没有人持反对意见。看到这里，你有没有感受到政府那种无能为力的感觉？

我写这一章原因何在？就是因为兆丰银行丑闻始于巴拿马，也止于巴拿马。该阴谋针对的是TMT在巴拿马注册的船只，因为国民党与该国有着密切的联系。他们知道TMT过去曾经拥有许多巴拿马公司——它曾在该国注册了100多艘船，并聘用了许多巴拿马律师。蔡友才口中的周美青夫人可以轻易地从那些律师及登记处那里找到她想知道的一切，比如说关于A Duckling号，A Ladybug号等等。

这一切都要从2010年说起。A Duckling号的合同根本不是船舶贷款合同，而是企业融资合同。在一个名为"资金来源"的特殊条款中明确写着：合同可以转让以及更替。正常的船舶融资合同从来没有通知借款人资金来源的条款。兆丰银行计划使用联鼎法律事务所充当这个骗局的幌子。这是一个陷阱。最有可能的是兆丰银行在科隆自由贸易区的分行能够随意开设和关闭账户。

国民党财大气粗、权势滔天。凭借数十亿美元的资金，它可以收买反对党，阻止他们过于密切关注过去发生的事情。2016年之后，民进党和国民党开始沆瀣一气，这就是为什么关于纽约州金融服务局和华盛顿美联储的洗钱防制案及其罚款的新闻一直被——至今仍被——压制。这些消息几乎没有作为新闻被刊登。整个国家都对此保持沉默。我不确定真正的原因，但我怀疑这可能是因为他们害怕知道国际银行业运作的K条例（Regulation K）将被撤销。只有时间会给出最终答案。

为什么？

因为国家的控制以及众多个人和机构都参与了腐败。

我需要在此小心一点，因为美国对台湾银行体系的观察期还有剩一年多。将会发生什么仍然未知，我们需要等待，看看结果会是什么。所以，我们不必在本书中对此过多地推测，我们只能等待未来的启示——而这终将到来。

现在，让我重申一下我在本书中已经写过的内容。X计划于2010年初开始酝酿，当时TMT引起了国民党的注意。从船队名单上找到相关船只非常容易。这一计划把资金从台湾转移到世界各地，很可能是在香港孖士打和纽约美亚博的协助下构建的。

给台湾银行在美分行颁发K条例特殊许可证是一大助力，这一让步可能受到周美青夫人、蔡友才和其他经常访问美国并在那里有许多金融界朋友的人的影响。从中央银行到财政部，整个逃亡计划都经过了精心的构建。

除了美国以外，巴拿马是关键——国民党和兆丰银行在该地拥有极大的权力。　兆丰银行的团队充分利用了其在巴拿马（科隆自由贸易区和巴拿马城）的两家分行和10家巴拿马法律事务所，特别是科隆自由贸易区分行给了他们很多自由来计划和施行阴谋。

该计划的起点是2010年4月的A　　Duckling号贷款——TMT就是从那里开始被瞄上的。对一个法律事务所的小圈子（当时是小圈子）来说，与一群操纵过2008年金融危机并且知道如何操作互换（SWAP）骗局的华尔街专家合作是非常容易的。关键是要确保整个计划的证据是零散的，谁都不可能揭露全部事实。就在那时，8400万美元的C　Whale号船二次贷款从最初的两家银行（中信和兆丰）被转到其他8家银行。

唯一的纰漏在于巴拿马登记处——把巴拿马TMT注册成为贷方。在巴拿马的C　Whale号注册契约表示，二次贷款合同中将巴拿马TMT　列为贷方——而他们从未起过贷方的作用。为什么借款人会在2010年6月将其巴拿马公司作为贷方呢？

2010年6月21日——巴拿马TMT成为后继债权人（Subsequent Creditor）。

2014年8月25日——巴拿马TMT成为后继贷方（Subsequent Lender）。

这种设计显然是为了伪装在TMT名下的洗钱活动。百密一疏，大错特错。即便如此，TMT也花了6年才能找到该文件。

TMT根据第11章申请破产重组是一个意外，可能会破坏该计划，但阴谋家们采取一致行动，并通过勾结、贿赂和利益冲突来操纵法庭——关于这些我已经在前文概述了过了。

一旦完成了所有工作，恶徒们就失踪了——律师、政客还有银行家——他们都隐藏了他们在X计划中扮演的角色，并希望他们的罪行永远不会暴露出来。

但我将高举火炬，把正义之光照进黑暗和肮脏的角落里。

图24.1：巴拿马

第二十五章

我们有帕帕斯　、纽约修华及柯塞尔法律事务所以及EGS法律事务所（ELLENOFF GROSMAN & SCHOLE LLP）关系的证据——这些律师在2014年都被伊斯古尔法官解雇了。帕帕斯发给修华及柯塞尔法律事务所的电子邮件证明了如何进行首次公开募股，还有即使公司从事非法活动，小股东都不会大惊小怪的事实。很明显，安然（ENRON）在纽约的"徒弟们"成为了针对TMT进行金融犯罪的核心。这些人就一笔33亿美元的TMT造船订单向现代重工提供建议——他们建议现代重工和现代三湖利用TMT的新船设立一个超过10亿美元的骗局。

兆丰银行知道巴拿马TMT公司的存在，因此他们利用美亚博将巴拿马TMT公司作为二级债权人，巴拿马丑小鸭公司作为英国担保人（我们向兆丰银行提供股票）

这样，当兆丰银行在巴拿马和伦敦创建许多公司账户的时候，我们就好像赤身裸体一样，容易受到伤害。如果这是事实（我相信它确实是事实）的话，那么它解释了整个骗局。

这是巴拿马骗案对峙双方的阵容：

1）巴拿马兆丰银行（中美洲最大）

2）纽约兆丰银行

3）中央银行（其代表处与纽约兆丰银行在同一栋办公楼）

4) 175个兆丰银行账户可能的开设和关闭

v.s.

1) 巴拿马TMT

2) 巴拿马丑小鸭公司

3) 巴拿马 A Ladybug号船

4) 巴拿马A Duckling号船

5) 利比里亚C Whale号船公司

6) 利比里亚D Whale号船公司

在这里存在着许多勾结和共谋。巴拿马TMT公司、巴拿马丑小鸭公司和利比里亚大象船公司（GREAT ELEPHANT CORPORATION LIBERIA）似乎都在这场对峙中发挥着各自的作用，而兆丰银行的法律部门与其国际分部也一直有沟通。

从一开始，A Duckling号轮的贷款文件就是可疑的：

1) 允许资金的条款极不寻常

2) 很多条款都是关于违约事件的

3) 里面有许多先决条件

4) 不是正常的船舶贷款，更像是公司贷款

5) 在合同中没有明确巴拿马注册信息和船舶详情

6) 两个公司贷款，一个是TMT的，另外一个是巴拿马丑小鸭公司的

7) 美亚博把巴拿马TMT公司作为后继债权人，巴拿马丑小鸭公司作为英国担保人——为什么同时需要两者？

8) 在一份合同中同时使用台湾和英国法律。

C WHALE号的贷款是一笔二次贷款。 2010年6月，他们趁我不在的时候，一手策划了这笔与TMT的交易；当

时我正在处理墨西哥湾漏油事件——好一个良机！由于是受台湾管辖，所有法律文件都需要在台湾签署。所以我用快递把我的签名送了过去，但兆丰银行在2010年7月8日和12日把合同掉包了，新合同里包含了新的修正条款，因为他们知道我在A WHALE号上无法检查合同。

兆丰银行看似创建了一家英国公司和一家巴拿马公司，然后巴拿马公司用这家英国公司作为担保人去给TMT贷款。

兆丰银行向摩根大通出售的贷款后来被发现是由该行伦敦办事处的两位银行代表签署的。 北美摩根大通从未参与其中，这表明了这笔钱从未经过纽约。这笔数十亿美元的资金以这种方式转移，完全可以被视为洗钱。

以下是C Whale号船二次贷款的诀窍

1) 与美亚博的信托契约（Deed of trust）内容古怪

2) 有两套法律文件

3) 修正条款是伪造的

4) 有8家银行牵涉在内

5) 从保留账户支付巴拿马TMT公司账户

6) 转移保留账户——为什么？

2013年3月13日，在E WHALE号轮交易过程中，帕帕斯和兆丰银行悄悄地进行了一次秘密的会议。你一定会问，为什么帕帕斯和兆丰银行会将这次会议的记录发送到南非的拍卖流程呢？无论是什么原因，这都意味着帕帕斯和兆丰银行长期以来一直在谋划着什么。

我发现2016年8月之后查尔斯•凯利从此案中消失最有可能的原因是巴拿马和利比里亚登记处的双重托管证书——香港的孖士打律师行可能参与其中，可能还有纽约美亚博。这使我相信孖士打、美亚博、修华及柯塞尔、布雷斯韦尔与朱利安尼、加迪纳、温斯顿等法律事务所都没有掌握巴拿马登记处的所有信息或所有相关文件。当然，这是为了把水搅浑，阻止完整的计划被发现。

　　所以，我们现在可以看到，这一切都从购买和登记A Duckling号船开始的。对TMT的调查始于巴拿马，然后是利比里亚和马绍尔群岛，可能是由韩国、巴拿马和伦敦的兆丰银行分行实施的。　2009年8月，兆丰银行的张定华和TMT的洪国琳之间进行过沟通对话。张定华要求洪国琳全面披露TMT的公司结构，为的是可以设计和激活X计划。然后，兆丰银行于2009年10月15日提出了为八艘Whale号船提供融资的提议。兆丰银行很可能一咨询完周美青夫人就意识到他们必须在巴拿马开设公司实体以配合TMT的结构（他们通过洪国琳已经知道了）。　兆丰银行拥有众多海外分支机构，很容易瞄准TMT在巴拿马的旗舰。该计划最妙的一环是设立一个英国担保人，以避免资金流经纽约从而被纽约州金融服务局发现的　——虽然该计划的某一部分失效了，纽约州金融服务局仍然发现了洗钱的证据，因此才有了洗钱防制违规案。英国担保人涉及兆丰银行和摩根大通的伦敦分行——我已经在前文提到了新的贷款人克里斯·克雷格（Chris Craig）在此案中的角色。

　　最大的好望角型巴拿马旗船是A Duckling号轮，它以4200万美元从比利时前船东那里被买下，并与在2007年卖给星散海运的另一艘A Duckling号轮同名。兆丰银行的法律事务所是香港的孖士打和纽约的美亚博，他们与帕帕斯聘请的修华及柯塞尔法律事务所很可能勾结在一起。　　TMT的巴拿马律师是基哈诺法律事务所，并且关于这家法律事务所在巴拿马的注册有一个耐人寻味的记录。此外，一家马绍尔群岛的希腊法律事务所参与了85％的贷款注册事件，这在前面几章已经提过了。他们肯定已经注意到了贷款文件的奇怪之处，比如说主要贷款人是金融家，还有从一开始便做联合贷款的少数船只。这非常罕见。我需要找到基哈诺和其他巴拿马法律事务所，包括白羊座法律事务所（Aries Law），摩根摩根法律事务所（Morgan&Morgan PA）和托里霍法律事务所（Torrijos&Associates）之间的电子邮件——因为他们都被牵涉其中，这错综复杂的关系将把这本书与我的下一本书联系起来。

要说麦格理与国民党的关系，它们的台北办事处之间的距离只有50米。 兆丰银行的悉尼分行与麦格理银行有着长期关系 ——因此，麦格理投资银行与国民党之间的关系自然会非常深厚。麦格理和国民党之间的金融交易很可能已经存在了很长时间。此外，阳明航运、中国造船、中钢集团、台湾航业和长荣集团都与兆丰银行有相似的银行业务关系。这清楚地显示了兆丰银行在结构融资方面是专家，因此2009年10月15日兆丰银行银行向TMT提议融资从专业角度来说是很反常的。 针对兆丰银行聘用的众多航运和公司律师的最新调查结果表明，台湾金融市场的"专家"都渴望加入这一骗局。

正如我所说，最大问题是善后工作。伪装如此大量的货币交易几乎是不可能的。他们不得不经过一些国际银行，如麦格理银行、摩根大通、德意志银行、巴克莱银行、澳新银行、渣打银行和纽约梅隆银行，所有这些银行都设有台湾分行。追踪这些资金并看看将来会发生什么将会很有趣。台湾离岸风力发电的一个最新风机项目表明又一桩新的丑闻已经开始了。麦格理银行赢了一份为期20年、投资额占总额50%的合同。但是，该交易有一条退出条款：不索赔，无违约和随意出售。基本上，即使风不吹，台湾人也会付钱。 6亿美元的贷款再次来自与政府有关的台湾银行，加上无抵押贷款。这件事情匪夷所思——为了贷款成功，钱必须先流到台湾外，然后再回流到台湾。

"症状"又回来了——历史会重演吗？涉及金融欺诈的时候，这常常会。我们将在第三本书中看到这件事情的进展。

图25.1：电视上的苏信吉

第二十六章

结论

X计划的基本性质现在看起来非常简单。这就是抢劫。台湾国营银行和私人银行抢劫了TMT，以便不留痕迹地将资金汇往海外。他们瞄准了TMT和我。我们失去了一个家族企业，因为我们不是"局内人士"。我们在"系统"之外。他们是如何从这样的犯罪行为中逍遥法外的呢？必须通过那个在纽约谈判、从纽约州金融服务局获得K条例的人。那个人是蔡友才与蔡庆年（第一银行董事长，已经因庆富弊案下台）口中的周美青夫人，还有她的前德意志银行以及现任摩根大通银行家女婿蔡沛然吗？我把这个问题留给读者。很清楚的是，这一切早在2010年到2011年就计划好了。在没有对台湾混乱的银行业务深入了解的情况下，纽约州金融服务局一时不察，对台湾在纽约州建立金融机构并开设将商业银行业务与投资银行业务相结合的控股公司开了绿灯。

这事难度很大——但还是完成了。

当银行使用SWAP交易时，他们使用了一个与纯商业贷款无关的贷款或合同。它一定跟出售和购买银行投资部门的合同有关。就好像是低息贷款业务，收益不在于因为低利率导致的低收益，而在于不良资产的买卖。美国证券交易委员会监管着投资银行活动，而台湾的金融监督管理委员会主要监管着商业贷款活动。在台湾，对兆丰银行洗钱调查在前八个月被搁置，直到当局正式宣布该丑闻——因为台湾和纽约之间的SWIFT银行代码支付不存在。因此，2016年当选的新政府找不到任何洗钱证据——丝毫数据的痕迹都没有留下。只有超过两方的SWAP交易才能在没有SWIFT代码的情况下转移资金。

2016年9月，TMT开始向台湾的金融监督管理委员会发出提醒。TMT向兆丰银行总部所在的台北警方提供了收集到的一些第一手证据。然而，金融监督管理委员会既没有回应，也没有在调查期间接听电话。直到台湾民视新闻台开始报道TMT案并将其调查结果广而告之，台湾金融和法律机构才做出反应。但是，这种迟缓的反应令人大跌眼镜——他们竟然认为这个真实的故事可能严重威胁国际银行界。

对TMT破产案法庭文件的分析证明，该过程极为可疑并且具有欺诈性。很明显，它涉及了伪造、误导和渎职行为。这些律师按其自认为的"聪明"程度每小时收费500至1,200美元，而现在他们正坐在一座活火山口上，它随时会爆发并暴露出史上最大的金融诈骗之一。一些律师告诉法官他们在美国破产法方面有20多年的经验，但从未涉及过这类案件。我也没有。很快我们就发现案件的复杂性远远超出了美国破产专业律师的想象。100多名律师阅读了这些长篇累牍的文件——文件非常多，其中内容大多数普通人在没有亲身参与的情况下无法理解。信息太多就跟没有信息一样。台湾银行在政府高层的庇护下，悄悄地把大量纳税人的钱花在了休斯敦、达拉斯、纽约和康涅狄格州的法律事务所上。

秘密计划通常只涉及一小部分人——他们得小心翼翼地看好手中的牌，无论是跟局内人还是跟局外人打交道，都不能让他们看到。当涉及的人很多的时候，整个计划必须分割成数个部分，它仍然只由一小群人控制，而其他人则看不到全貌——你不知道我在做什么，我也不知道你在做什么。这需要自上而下的统筹协调和细致的时间安排。 TMT的破产重组案就是这样一个错综复杂的计划。整个计划就像是一场怪诞低俗的芭蕾舞剧，其中涉及大量金钱，还有在破产法庭上各个律师各施其职的表演。

寻求真相非常困难，到现在仍然非常困难。我已经花了五年作反抗，还有数百万美元自己的资金，就是为了发掘所有的真相。你可能会说我疯了，但我认为揭露顶级律师们如何为自己的利益和金钱而不是为了真理和正义而工作具有很重要的意义。在各世界都发生着类似的事情，不仅仅在TMT破产案，还发生在华尔街——雷曼兄弟、苏格兰皇家银行等等。金融巨头们对金钱欲壑难填：拥有的越多，想要的就越多。代价是牺牲那些首先创造财富的人——那些外出工作、真正创造财富的普通人。这些寄生虫做的只是为自己牟取暴利。

　　如果当初TMT没有申请破产重组会怎么样？TMT可能还是会通过其他手段获救，但是"苏信吉"这个名字在全世界都会被想要摧毁我的人诽谤为犯罪分子。然而TMT确实申请了破产，这促成了东西方银行之间的勾结。我们现在置身于银行业丑闻的新时代，其规模范围超越了国界，凌驾于法律法规。解决方案有一个——我刚想起我已经提交了以事件驱动的与服务器进行软件通信的专利。这个分散的架构设计可以追溯到2001年至2002年的东京。当时我不得不专注于航运业务，并且之后的15年当中没有就此多想。然而，现在世界终于看到了比特币和区块链的潜力。利用我的发明，我相信我们可以创造一个更优秀、更诚实的银行和经济体系。我多年来的调查使我见识到了全球银行系统丑陋的真面目，并成为了相关方面的专家——从超前交易（front-running）到洗钱防制——我知道我们可以利用这场数字革命来修补在我看来病入膏肓的系统和制度。

　　在我的下一本书中，我打算深入挖掘。这个案例将影响台湾的政治和经济格局，并在一定程度上影响中国的大文化。中国五千年的历史是建立在王朝和王国的制度之上的。庞大的官僚机构支撑起这个制度，其法律体系和其他机构在数千年内逐渐建立起来。它坚如磐石，虽然中国领导人习近平主席正在改革，然而此情况并不会在一夜之间改变。我最希望的是读者们能在本书《王朝大逃亡》中对历史及其系统有一个新的认识。我们正处于一个转折点——我们需要撕开精英主义的伪装，明白对大众来说什么才是最好的，而不仅仅是少数特权阶层。这是保证我们的子孙后代生活会越来越好的唯一途径。

　　未来是我们现在必须考虑的问题，就在眼下。作为一名发明家，我在2000年时就想到了自己的未来，今天我已经有十多项与IT相关的专利。我在过去已经想到过它，现在它已经按照我的预测发生了。未来正掌握在现在的我们手中！我希望这本书能鼓励人们思考未来——它会影响我们所有人的后代，而不仅仅是那些强大却贪婪的操纵者的子孙。

　　结论就是——这本书还没有明确的结论。

　　一切都正在进行中。

　　我的下一本书将缔造历史！

图26.1：台湾的旗帜

后记

这本关于兆丰银行丑闻的书可能会在美国的书店上架，但我想它也能引起台湾和其他地方华人的阅读兴趣。真实的故事总是伴随着巨大的牺牲，尽管这本书只揭示了冰山一角。

邢献慈曾是一家国际银行的副经理，于2012年底上任成为兆丰银行国际银行的法遵长。她直接参与了TMT的破产重组案和纽约州金融服务局 1. 8亿美元的洗钱防制案。正常的法遵需要制衡，即无职务或利益冲突。而这个案例是相反的一个例子——谁了解巴拿马丑闻，谁就是兆丰银行的法律负责人的最好人选——周美青夫人在2008年前一直是兆丰银行的法律负责人，这点是蔡友才告诉我的，我也对此深信不疑。

这是台湾近代史上最大的金融丑闻。很多当初被牵涉进此案的人现在都有生命威胁——这些可怕的威胁是前所未有的。这是因为我们追求正义，曝光了违反国际法的行为。我们在Twitter和Facebook上收到政府人员的威胁，还接到了匿名电话。有人希望给在民视新闻台上报道我们案件的新闻播报员好处，让她停止播报该案件；当此举失败时，又转而威胁她的家人。

向公众呈现事实真相而不是假新闻，这点非常重要。在选举下一任总统之前，读者们必须扪心自问。我们是世界上拥有最先进的民主制度的国家之一，但国民党王朝窃取了这一民主成果长达数十年，将其法律和金融体系变得面目全非，使其失去了应有的公平和独立。

美亚博法律事务所、布雷斯韦尔与朱利安尼法律事务所、修华及柯塞尔法律事务所、凯利法律事务所、宝维斯法律事务所等等——所有这些法律事务所和个人都在2008年西方金融危机期间担任银行和政府的代表。他们对如何利用那场危机获取暴利了如指掌。美亚博的查尔斯·凯利（Charles Kelley）失踪了，而他对这些骗局的来龙去脉了如指掌。来自温斯顿法律事务所的布莱克先生曾告诉我的一位同事："TMT破产案中的一些内容很耐人寻味。"通过撰写本书，我希望让人们知道此案是如何逐步演变的。

我的下一本书，如果我还活着的话，将会挑战和质疑所有关于过去百年美国历史、中国历史和欧洲历史的书籍。我要把真相说出来，即使我的生命受到了威胁。任何读者都可以有自己的结论，即什么是真的，什么不是真的——但在法庭上，只有一个真理，一个结论——那就是法官的结论。这是无可辩驳的，无论是对还是错——而对TMT的破产重组案来说，这是错的。法律制度就好像是一头怪物，我的亲身经验证明了这一点。

您可能已经注意到，有几个关键词始终贯穿着整个骗局，它们在我前一本书《东方金客》中也出现过。现在它们又来了：

首先，要求借款人在提取贷款之前将自己的现金注入保留账户。这意味着可以建立一个基金来从其他来源获得资金，或者该基金可以通过信用创造系统被用作银行自己的资金。因此，整笔贷款将不会出现在银行自己的资产负债表上。这是完全可能的，因为政党高层也参与了。

然后，不给借款人发送保留账户的日报表和月报表，因此借款人会以为此笔钱是以质押形式存在的不能动的现金存款。没有利息，也不需要向审计师或借款人提供财务报表，因此此笔资金可以在借款人账户下轻松地被当作银行自己的资金来使用。

　　在兆丰银行洗钱防制违规案发生后，兆丰银行被纽约州金融服务局处以1.8亿美元和2800万美元罚款，当时兆丰银行是TMT集团公司的主要贷方。TMT集团现正处于破产状态，亟需知道兆丰银行的不当行为究竟对公司的命运产生了多少负面影响。在申请破产重组的过程中发生了很多离奇古怪、匪夷所思的事情，就好像是一个笑话，又像是一出肥皂剧。然而我会继续寻求真相，永不退缩。TMT集团咨询了Great　Trust法律事务所，在全面分析了这一丑闻后，向三名兆丰国际商业银行的现任和前任高层发起了刑事诉讼。这个骗局很可能不但涉及了兆丰银行和其他主要的台湾银行，也涉及了外国实体。令我感到失望的是，到目前为止，台湾的金融当局还没有充分调查此案中潜在的不法行为。我希望提出诉讼可以改变这种情况。作为一个拥有国际化事业的商人和台湾之子，我感到非常羞耻：这一系列可悲的事件抹黑了我最热爱的国家的形象。丑闻牵涉范围究竟有多广仍然是未知之数，很可能已经越过了台湾海岸线。这就是我们需要进行全面而彻底的调查的原因。

　　这本书解释了金融系统是如何被少数人利用然后得益的，代价是多数人的利益。我们必须确保这样的事情不会再次发生！

声明

　　本书不仅讲述了TMT（前身为1958年成立的小型航运公司台湾海运）的故事，它也是亚洲中国真实历史的一个缩影。

　　本书以作者所知道的事实为基础，政治立场中立，无意支持台湾或者中国大陆任何一个政党。书中阐述的纯粹是作者的观点，这些观点基于其个人经验及在全球范围内的调查结果，与作者的家族传承和成长方式有密切关系。

　　许多问题仍在继续，其根源在于英国、美国和澳大利亚的金融帝国主义——资金如何转移到纽约、伦敦和其他多个世界金融中心。

本书的写作过程对作者来说是一次难忘的奇妙之旅，穿越了不同时空，从台湾到世界各地，从末代皇帝，到蒋介石和夫人宋美龄女士及其后人和党羽，到国民党王朝及其如何控制台湾。在此过程中，潘多拉魔盒被打开了，里面隐藏着的关于中国近代史、金钱、权力等问题的秘密都被一一呈现，而重点是事态最终会如何发展。

在作者看来，正如大中华地区、印度尼西亚、马来西亚、泰国和越南的人民在殖民主义和文化传承方面饱受困扰一样，台湾人民从过去到现在都一直存在着身份认同危机。

虽然未来成谜、前途未卜，但也许人们在阅读本书时能得出这样的一个结论：真相只有被发现了，才会战胜欺骗。因此，我希望《王朝大逃亡》的读者能够从他们的过去中发现真相，并带着这些真相奔向未来。

苏信吉Nobu Sue

图AW.1：时代力量党旗

图AW.2：民进党旗

保留账户概述

我认为这里有必要对用于洗钱的保留账户进行扼要说明/释义。

在本案中，保留账户被用于开立一个期限为80年的美国信托账户，如总部位于特拉华州、信托业务规模最大的威明顿信托银行（Wilmington Trust N.A.）。德意志银行美国信托公司（Deutsche Bank Trust America）也有这样一个实例，用于大宇建造三艘超大型油轮。这笔贷款由彼得·埃文森（Peter Evensen）通过与我在德意志银行美国信托公司餐厅见过一次但未透露姓名的高管合作统筹。他的目的是确保我不知道关于在国民党资金洗钱期间党羽资金进/出德意志银行美国信托公司的反洗钱计划。本例中，有人发现这笔信托的期限被设定为125年。

用于设立信托的首笔资金超过了5300万美元。因此，这些资金没有沾染国民党的污迹。他们用我的签名来开办信托，并随时随地转移资金。

事实上，国民党特意在德意志银行美国信托公司安插了一位受国民党影响的大陆银行人员，作为德意志银行美国信托公司负责运作国民党资金的高管。

破产案牵动了所有这些通过利用我的签名和在16艘船的贷款放款之前向保留账户转入的现金建立的美国信托。这些账户细节从未被披露，劫持的账户转移的总金额也不为人知。

此外，还发现国民党建立了一套从台湾到美国的美财政投资系统。这些投资的佣金和费用也从TMT公司账户中提取。这只是一个简单的案例，利用TMT的名义在国民党需要时转移资金。

为使其完美，国民党在泰国以TMT之名仿造了一家公司，称Thai Master Transport有限公司——并且在越南和其他地方设立名称雷同的公司，以助资金转移。2005年，两名俄罗斯人在德国也设立了名为TMT GMBH的公司，这是与德意志银行洗钱相关的关键账户，与丹麦银行爱沙尼亚分支关联。丹麦被允许在欧盟体系中使用丹麦克朗，类似于英镑，该国的专业会计事务所——如德勤（Deloitte）——完全支持反洗钱平台。

由于担心在2010年至2012年间用于洗钱的保留账户会被曝光，银行在2012年底开始违反贷款合约。他们开始扣押船只，以确保借款人不会发现整个欺诈行为。是谁可以指示银行这样做呢？很可能是国民党最高层领导。

换句话说——

当180天的存款本金/利息到期时，借款人依法申请了破产。TMT别无选择，只能在放贷方违反贷款协议后的约170天，在美国依法申请破产。这是为了确保借款人通过两笔季度还本付息从未违反贷款合约。破产申请于2013年6月20日提交，以此证明是放贷方违反了整个贷款合同。几乎令人难以置信的是，他们为了拯救国民党政体，竟然会弃绝自动追偿中止令（Automatic Stay）以及任何重组公司的机会。

我是说"几乎"。

破产申请提交之后，突然转移超过5000亿美元的资金引发了诸多问题。每当司法部和监管机构发现非法行为时，解决方案就是付费并认罪——这种情形一直持续至今。

专业词汇表一：术语

对大多数读者来说，本书中出现的很多海事、金融、法律等术语都比较陌生。我在写作的时候尽量用日常生活中的语言去描述它们，尽可能不影响行文的畅顺。希望以下术语表能更专业更准确地向读者们解释这些术语：

Aframax Tanker：阿芙拉极限型油轮。一种能够通过巴拿马运河的油轮。

AML：反洗钱/洗钱防制。2016年8月，纽约州金融服务局命令台湾兆丰国际商业银行支付1.8亿美元的罚款并聘请一个独立的洗钱防制监督人。

ANZ（Australia and New Zealand Banking Group）：澳大利亚新西兰银行，简称澳新银行。

Arrest：在本书中指船舶扣押。只要法院诉讼尚未判决，海事法院就有权阻止船舶合法行驶或交易。船舶被相关委员会授权扣押，通常是与索赔相结合，而不是独立的扣押令。申请人依照司法程序扣押船舶以获得海事赔偿。

BCC（Broadcasting Corporation of China）：中国广播公司

BP（British Petroleum）：英国石油公司

BSA（Bank Secrecy Act）：美国《银行保密法》

CDO（Collateralized Debt Obligation）：债务担保证券，指以债券、贷款或其他资产的组合为抵押而发行的有资产担保的证券。CDO可以包含一系列贷款（汽车贷款、信用卡贷款、担保贷款等）。

CDS（Credit Default Swap）：信用违约交换，又称信用违约互换、信用违约掉期。债务买方从卖方购买金融合约保险，以抵消可能的违约损失。CDS是不受管制的，任何人都可以购买它们，即使它们不拥有相关贷款。

Central Bank of China：中华民国中央银行（台湾），而非中国人民银行。其纽约分行与兆丰国际商业银行在同一栋办公大楼里。

CEO：CEO；首席执行官

CFO：财政长；首席财务官

Chapter 11：第11章，在本书中指《美国破产法》第11章，该章允许企业根据《美国破产法》进行重组。此法适用于所有企业，无论是公司、合伙企业、独资企业还是个人，尽管企业实体运用此法最为常见。

China Investment Fund：中国投资基金，指一系列由兆丰国际商业银行监管的国民党控股公司。

CMPC（Central Motion Pictures Corporation）：中央电影公司

CTB（Chiao Tung Bank Co. Ltd.）：交通银行股份有限公司

Designee：指定人，在本书中指"指定债务人"。指定债务人在债务人律师的指导下对根据第11章申请的破产程序进行管理，因为债务人律师可能没有足够的业务经验来执行业务或重组要求。

DIP（Debtor-in-possession）：持有资产的债务人。当公司申请破产时，公司的管理层和董事会仍然持有该公司。因此，该公司被称为持有资产的债务人。

DIP Lender：DIP贷方。根据第11章申请的破产保护可以为破产公司提供不同的融资选择。如果债务人公司在申请破产程序期间找到贷款人并能够继续进行运营，则该贷款人称为DIP贷方或DIP贷款人。与非破产贷款不同的是，DIP贷款不会受到法律质疑。DIP贷款通常由内部人士或"假马"提供，旨在购买公司的资产。DIP贷款利息很高，对于DIP贷方而言利润非常丰厚。

Dodd-Frank：《多德-弗兰克法案》，全称《多德-弗兰克华尔街改革和消费者保护法案》，是奥巴马政府在2010年为应对2008年金融危机而通过的美国金融改革法规中占比重很大的一个法案。

DPP（The Democratic Progressive Party of Taiwan）：台湾民进党

Error paper：错误纸张。卖给德意志银行的7%贷款文件打印在错误纸张上。

FCPA（《Foreign Corrupt Practices Act》）：《反海外腐败法》

FFA（Forward Freight Agreement）：远期运费协议

FRB（Federal Reserve Board）：美国联邦储备委员会

FSC（Financial Supervisory Commission）：台湾金融监督管理委员会

FTV（Formosa TV）：台湾民视新闻台

GDP（Gross Domestic Product）：国内生产总值

HHI（Hyundai Heavy Industries）：现代重工

HSBC（The Hong Kong and Shanghai Banking Corporation）：汇丰银行

ICBC（International Commercial Bank of China）：中国国际商业银行或兆丰国际商业银行；SWIFT银行代码：ICBCUS33（纽约）；SWIFT银行代码：ICBCTWTO011（台北）。

IMF（International Monetary Fund）：国际货币基金组织

JPMC（JPMorgan Chase）：摩根大通

KMT（Kuomintang）：中国国民党，是中华民国或台湾的主要政党。国民党的前身中国同盟会是推翻清朝和建立中华民国的主要倡导者之一。 1911年辛亥革命后不久，中国民国成立，孙中山成为了临时大总统；同年8月，宋教仁和孙中山创立了国民党。袁世凯担任中华民国大总统，而国民党由蒋介石领导。

KYC（Know your customer）：客户背景调查，是企业识别和验证客户身份的尽职调查过程。该术语还指进行此调查时适用的银行法规以及洗钱防制法规。公司无论规模大小都会对其潜在代理人、顾问及分销商进行客户背景调查以确保符合贿赂防制法遵标准。银行、保险公司和出口债权人日益要求客户提供详细的反腐败信息以进行尽职调查。

Legislative Yuan：立法院。立法院是中华民国（台湾）一院制的立法机关。它是中华民国（台湾）宪法遵循孙中山的"五权宪法"和"三民主义"理论设立的五个分支机构（五院）之一。虽然有时被称为议会，立法院是政府的一个分支机构。

LOC（Letter of credit）：信用证

Maritime Lien：船舶优先权，又称海上留置权、优先抵押权，是指特定海事债权人依法享有的、当债务人不履行或不能履行债务时，以船舶为标的的对担保物优先受偿的权利。当债权人没有收到还款，债权人可以强行将船卖出。

Mediation in Chapter 11：根据第11章破产调解。亦即和解，其目标很简单：在中立的第三方的帮助下找到争议的解决方案。在破产中，调解因适用的破产法不同章节而异。根据第11章，破产调解可能会涉及债务人资产的部分清算或全部清算，但重点是准备和确认一个可行的计划。

MICB（Mega International Commercial Bank）：兆丰国际商业银行

MOA（Memorandum of Agreement）：协议备忘录

MOF（Ministry of Finance）：财政部

MOR（Management of risk）：风险管理

NPP（The New Power Party）：时代力量是台湾于2015年初成立的政党。该党于2014年从"太阳花学生运动"中脱颖而出，倡导普遍的人权、公民和政治自由以及台独。该党是被称为"第三力量"的政治现象的一部分，时代力量不属于传统的绿营或蓝营，而是致力在台湾政坛提供新的政治选择。

NT$：新台币

NYDFS（New York State Department of Financial Services）：纽约州金融服务局，又称纽约州金融署，是纽约州政府的一个负责监管金融服务和产品部门，受纽约保险、银行和金融服务法律约束的金融服务和产品都在其监管之下。

OFAC（Office of Foreign Assets Control）：海外资产控制办公室

Panamax：巴拿马型。巴拿马型油轮是一种专门设计的适合巴拿马运河船闸的大型船舶。主要在巴拿马地区运营，尤其是在巴拿马运河。油轮尺寸按巴拿马运河管理局（ACP）规定的尺寸规定设计。对于巴拿马型油轮来说，尺寸方面非常重要，因为如果在油轮建造时没有监控其尺寸，那么船在行驶时会产生很多问题。第一艘巴拿马型油轮在1914年开始运营。时至今日，它们仍然像九十年前那么实用又受欢迎。

PDCF（Primary Dealer Credit Facility）：一级交易商信贷工具

POA（Power of Attorney）：委托授权书

PRC（People's Republic of China）：中华人民共和国，中国大陆的共产党政府。

Qing Dynasty：清朝，又称大清，是中国的最后一个封建王朝，成立于1636年，在1644年到1912年间统治中国。这个多元文化的帝国统治了中国近三个世纪，形成了现代中国的领土基础，是世界历史上第四大帝国。

RBS（Royal Bank of Scotland）：苏格兰皇家银行

Regulation K（K条例）：K条例是华盛顿的美国联邦储备委员会颁布的一条监管国际银行业治理、为从事国际贸易的银行控股公司以及国内的外国银行提供指导的条例。它限制了银行控股公司和国内外资银行可以参与的业务和金融交易的种类。

Retention Account：保留账户。在破产或清算过程中，面临非流动性索赔的一方可以保留破产人欠他的非流动性款项，并且债务不一定是由同一合同产生的。

RO-RO/PCTC（Roll-on Roll off/ Pure Car Truck Carrier）：汽车滚装船

ROC（Republic of China）：中华民国，亦即台湾。

SBSC（Shanghai Commercial & Savings Bank）：上海商业储蓄银行

SEC（U.S. Securities and Exchange Commission）：美国证券交易委员会

Shell company：空壳公司，又称空头公司、纸上公司，是一种由公司名字但无经营业务的公司，用作多种金融活动的工具或保持休眠状态以备日后使用。

Star Bulk Carriers：星散海运有限公司，是由希腊船东帕帕斯（Petros Pappas）拥有的公司。

Swap：互换合约，又称掉期合约，是一种双方交换金融工具的衍生合约——大多数是利率掉期，不在交易所交易，但也有场外交易（OTC）。

SWIFT code：SWIFT银行代码是一种标准格式的银行标识符代码，也是特定银行的唯一标识代码。在银行之间转移资金和消息时需要使用SWIFT代码。SWIFT代码由8或11位字符组成。通常，8位字符代码指的是主要办事处。

Syndication（Loan）：联合（贷款），又称银团（贷款）。联合贷款是指让数个不同的贷方参与提供贷款的不同部分。联合贷款通常发生在借款人需要大量资金的情况下，这些资金可能对于单个贷方提供的金额过高或超出贷方曝险水平的范围。因此，多个贷方共同合作为借款人提供所需资金。

TMT（Taiwan Maritime Transportation）：台湾海陆运输公司，简称台湾海运，是苏信吉的航运公司。

UCC（Unsecured Creditors Committee）：无担保债权人委员会

UN（United Nations）：联合国

VLCC（Very Large Crude Carrier）：超大型油轮。

Vulture Fund：秃鹫基金。是指那些通过收购违约债券，通过恶意诉讼，谋求高额利润的对冲基金，私募股权基金或不良债务基金。秃鹫基金通常喜欢在二级市场上购买不良公司债务，然后使用多种方法获得超过购入价格的收益。

专业词汇表二：相关人物和公司

参与人物和公司（按字母顺序）

以下是在本书中提到过的人物和公司名字，包括个人、银行、法律事务所、船公司、金融机构等。我希望这个专业词汇表能对读者有所帮助。

银行：

ANZ Bank / 澳新银行

Bank of America / 美国银行

Bank of Kaohsuing / 高雄银行

Bank of New York Mellon 纽约梅隆银行

Bank SinoPac / 兆丰银行

Barclays Bank / 巴克莱银行

BNP Paribas / 法国巴黎银行

Cathay United Bank / 国泰世华银行

CBT Bank

Central Bank of China / 中央银行

Chang Hwa Bank / 彰化银行

Chiao Tung Bank / 交通银行

China Development Bank 中国发展银行

Chinatrust / 中国信托

Citi Bank / 花旗银行

Cortland Capital Services 科特兰资本

Credit Suisse / 瑞士信贷

Deutsche Bank / 德意志银行

Federal Reserve Bank / 联邦储备银行

First Bank / 第一银行

Goldman Sachs / 高盛

Hua Nan Bank / 华南银行

HSBC / 汇丰银行

JPMorgan Chase / 摩根大通

Macquarie Bank / 麦格理银行

Mega International Commercial Bank / 兆丰国际商业银行

Esben Christensen / 艾斯本·克里斯坦森

Evan Flaschen / 埃文·弗莱申

George Panagopoulos乔治·帕纳戈波斯

Hamish Norton / 哈姆什·诺顿

Jason Cohen / 杰森·科恩

Jeffrey Koo Jr. / 辜仲谅

Judge Jones / 琼斯法官

Judge Marvin Isgur / 伊斯古尔法官

Ken Leung

Kim Pu-tsung / 金溥聪

Lien Chan / 连战

Lin Thon Yong / 林宗勇

Lisa Donahue / 丽莎·多诺霍

Madam Chow / 周美青夫人

Ma Ying-jeou / 马英九

McKinney Tsai / 蔡友才

Michael Zolotas / 迈克尔·佐洛塔斯

Mister Shi

Paul Weiss / 保罗·韦斯

Petros Pappas / 帕帕斯

Priscilla Hsing / 邢献慈

Randy Ray / 兰迪·雷伊

Samson Wu / 伍鲜绅

Charles Schreiber / 查尔斯·施赖伯

Stephen Clark / 斯蒂芬·克拉克

基金及金融机构：

China Investment Fund / 中国投资基金

CITIC / 中信股份

Cortland Capital Market Services / 科特兰资本市场服务公司

JPMorgan Chase / 摩根大通

KGI Group / 凯基集团

Monarch Capital / 君上资本

NewLead Holdings / 新利德控股有限公司

Oaktree Capital Management / 橡树资本管理公司

Oaktree Huntington (Cayman) / 橡树资本亨廷顿（开曼）

OCM Formosa Strait Holdings / 橡树资本台湾海峡控股有限公司

SC Lowy Financial / SC洛伊金融投资银行

SC Lowy Primary Investment / SC 洛伊首要投资公司

Solus Capital / 索路斯资本

Sovereign Strategy / 主权策略咨询公司

公司：

Active Tankers / 活跃油轮公司

Hyundai Heavy Industries / 现代重工

Hyundai Mipo Shipyard / 现代尾浦造船

Hyundai Samho Industries / 现代三湖工业

Onassis Holdings / 奥纳西

斯控股有限公司

ORIX / 欧力士

Ro-Ro Lines / 滚装运输有
限公司

Star Bulk Carriers (SBLK)
/ 星散航运

政府部门及政党：

Democratic　　Progressive
Party (DPP) / 民进党

Dodd-Frank / 《多德 - 弗
兰克法案》

Kuomintang (KMT) / 国民党

NYDFS / 纽约州金融服务局/
纽约州金融署

SEC / 证券交易委员会

FSC Taiwan / 台湾金融监督
委员会

特别鸣谢

如果我没有调查巴拿马报告以及兆丰银行被纽约州金融服务局以洗钱防制违规罚款1.8亿美元事件的话，那么我将永远不会写下《王朝大逃亡》这本书。当我第一次到访三一大街60号的时候，我没想到太多，以为它只是兆丰银行的一个小小的分行办事处。我在这栋有着百年历史的美丽建筑前面站了30分钟。我很惊讶，在那段时间里，门从未打开过——没有访客，也没有客户——虽然门就在那里，银行就在那里。然后我注意到台湾的中央银行代表处办公室的入口也在同一栋楼。一栋大楼，两个招牌，还有两扇紧闭着的门。这是什么机构？它是台湾的中央银行，六七十年来一直是美元和新台币的结算所。我突然有种自己是福尔摩斯，又或是他的伙伴华生的感觉，在盯着一个复杂的金融难题——而它好像在嘲笑我，看我敢不敢找到这个长期隐藏的秘密。

我的调查开始了，我觉得我需要向多年来直接或间接地为我提供支持的人表示衷心的感谢。感谢我的父亲和祖父给了我责任感和不问前程、坚持到底的决心。感谢来自台湾人民历年形成的台湾精神。位于南北中国海交汇的美丽岛屿——台湾，永不沉没！

我还要感谢林俊吉先生（Tonic Lin）以及台湾的律师团队，他们帮助我理解本书中提到过的极其复杂的法律术语和流程，让我顺利完成了本书中对这些术语流程的概述。此外，还要感谢我的作家和编辑将无数复杂的调查文档以一种容易阅读理解的文字呈现出来。

　　极具讽刺意味的是，在破产法庭上花费的时间和金钱对我写这本书帮助很大。日复一日地坐在那里，看着数百万美元花在一部"戏剧"上——这在某种程度上激发了我的灵感，让我觉得我应该把这个故事讲出来。或许在未来有同样遭遇的人可能会对这个故事感兴趣。我希望这本书对读者们有意义；他们能够从中获益，哪怕是一点微不足道的帮助。只要能帮到读者，那我写这本书就是值得的。

　　芭芭拉·布什（Barbara Bush）女士在我写特别鸣谢的时候去世了。得克萨斯州是布什帝国（或者说"布什王朝"）的大本营。休斯敦甚至有一个以乔治·布什命名的机场。在旅途中来过多少次休斯敦，我都忘了，而这个王朝只是世界各地的许许多多的王朝之一—— 政治王朝、金融王朝、皇家王朝、犯罪王朝，还有这本书涉及的王朝。我感谢过去、现在和未来的所有王朝——以及他们注定的没落消亡。

　　我要感谢35年来的好友丹尼尔·奥利瓦雷斯（Daniel Olivares）及他的夫人爱琳·奥利瓦雷斯（Irene Olivares）。丹尼尔协助我理解西班牙语，特别是巴拿马和墨西哥使用的语言系统，对我研究和了解巴拿马的情况帮助很大。来自东京的飞坂有三（Yuzo Tobisaka）先生有着在三菱公司工作38年的宝贵经验，他帮助我了解日本人的观点，让我意识到不能避开日本来谈台湾。他的真知灼见使我受益良多。我对此十分感激。

　　所有根据第11章申请破产保护的记录都帮助我理解法庭的策略，这台戏剧还有各部门的共谋。这些记录文件超过了30,000份，我的律师斯科特·古彻（Scott Goucher）在2018年春花了2个多月才把它们全部读完。然后他告诉我，他从事破产法的30年，却从未见过像这样的案例。

　　最后，我要感谢我在台湾的团队，他们为我收集了很多信息。谢谢你们踏实细致的工作。

　　如果没有一腔孤勇（也许你会认为是莽撞），我是无法写完这本书的。它也是诚信和追根究底精神的反映。时至今日，事实和真相常常被媒体伪装和歪曲而鲜被发现。但是，我现在最终完成了这本书。我相信这本书是现代中国史的真实反映。无论是在中国，还是在香港或台湾，华人都会对此感兴趣。他们以前应该从未读过这样的书。为什么呢？因为以前从未允许过这样的书出版。

未来掌握在我们后代的手中。他们必须了解自末代皇帝和女皇倒台以来、过去100年中所发生的事情。只有了解过去，他们才能够明白将要发生的事情并将之改变。

中国人口占世界人口的20%。这本书或许在某种程度上向世界展现并解释了中国文化。中国人民仍然生活在王朝体系之下——但其实，你也一样！

苏信吉
2018年4月

附录：证据

兆豐國際商業銀行
Mega International Commercial Bank

Date: Oct. 15, 2009 (V2.1)

Senior Debt Term Sheet
Approximately USD 〔532 to 745〕 Million Term Loan Facility
Summary of Terms and Conditions

This indicative term sheet (the "Term Sheet") has been prepared for the purpose of discussing the financing of seven VLOOs between TMT Group and Mega International Commercial Bank, which does not constitute any obligation of Mega International Commercial Bank to provide the financing accordingly, and is valid till Nov. 12, 2009 and subject to documentation reasonably satisfactory to the parties.

Facility Purpose	:	To finance part of acquisition cost of seven VLOOs(Very large ore oilers) (the "Vessels" or "Vessel"), all 319,000 TDW, for delivery from February 2010 to February 2011 to be built by Hyundai Heavy Industries Co., Ltd.("HHI") in Korea. The total contract price is USD 1,064.384 million.
Sponsors	:	Taiwan Maritime Transportation Co., Ltd., Great Elephant Corporation and their subsidiaries and affiliates (collectively the "Sponsors").
Borrowers / Lessor	:	Tranche I – N Elephant Corporation. 1 Tranche II – Q Elephant Corporation. 2 Tranche III – R Elephant Corporation. 3 Tranche IV – S Elephant Corporation. 4 Tranche V – T Elephant Corporation. 5 Tranche VI – U Elephant Corporation. 6 Tranche VII – V Elephant Corporation. 7 All Borrowers are special purpose vehicles incorporated in The Republic of Liberia and 100% directly or indirectly owned by the Sponsors or their major shareholders.
Lessee / Charters	:	UDH, companies under TMT group.
Final Time Charters	:	〔Wisco America Company Limited, Hunan Valin Xiang Tan Iron And Stell Co., Ltd., Corus group, Arcelor-Mittal group, BHP Billiton Marketing AG and Great Elephant Corporation or its affiliates〕.(the "Charters")
Facility	:	Secured Term Loan Facility : Up to USD 〔532 to 745 or TBD〕 million in total of seven Tranches and in any event not more than the sum of〔〔50% to 70%〕〕 the market value of each Vessel.

图Ap. 1：优先债条款清单

光華國際商業銀行
Mega International Commercial Bank

the vessel at least until the scheduled maturity of the Facility.

Representations and Warranties	:	Representations and Warranties given by the Borrowers (subject to customary exceptions, cure periods and materiality thresholds as applicable) reasonable and customary for a facility of this type including with respect to incorporation and authority of the Borrowers, binding agreement, ownership of assets, due authority, litigation, ranking of credit, no material adverse changes, accuracy of information, no default, solvency, tax, and other regulatory compliance, no encumbrances, capacity, material contracts, no indebtedness, government approvals and the like
Covenants	:	a. Usual covenants in a transaction of this type including material adverse change conditions as per Retention below; b. All shareholders' or inter-company loans in respect of or relating to purchase of each Vessel to be fully subordinated in terms of payment and enforcement; c. The loan outstandings shall not exceed 70% of aggregate amount of market value of the Vessels and other security acceptable to the lenders at any time during life of the Loan. Collateral coverage shall be reviewed annually when majority lenders require. Market value of the Vessels shall be determined in accordance with valuation by an independent broker or valuer acceptable to the Lenders. d. No further mortgage to be granted on the mortgaged Vessels securing the Facility; e. Each Time Charterparty will be kept in effect throughout the life of the Facility; f. No change in control or ownership of the Borrowers without the Lenders' prior approval.
Flag	:	Each Vessel will be registered in the ownership of each Borrower under the laws and flag of a jurisdiction acceptable to the lenders.
Events of Default	:	The Loan Agreement will contain the usual events of default including but not limited to; a. Failure to pay principal, interest and fees when due. b. Failure to comply with covenants and undertakings. c. Cross-default provisions relating to companies owned by Guarantors, unless the same in the opinion of the Lenders does not affect the ability of the Borrowers to perform their obligations with respect to the Facility.
Retention	:	The Borrowers shall ensure that monthly payments be made to a designated account with the Agent in an amount equal to 1/3

图Ap.2：Mega International Commercial Bank合约

SC LOWY FINANCIAL (HK) LIMITED

By: _____
Name: Soo Cheon Lee
Title: Authorized Signatory

By: _____
Name: Steve Lyons
Title: Authorized Signatory

OCM FORMOSA STRAIT HOLDINGS LTD.

By: Oaktree Capital Management, L.P.
Its: Director

By: _____
Name: GEORGE LEIVA
Title: Authorized Signatory

By: _____
Name: WILLIAM MELANSON
Title: Authorized Signatory

This Transfer Certificate is executed by the Agent and the Transfer Date is confirmed as 29 July, 2014.

Mega International Commercial Bank Co., Ltd. for itself and on behalf of each other Finance

A图Ap. 3：签名证据

NOTICE OF TRANSFER

From : Mega International Commercial Bank Co., Ltd. (as Agent)

To : C Whale Corporation
Great Elephant Corporation
Taiwan Maritime Transportation Co., Ltd.
Hsin Chi Su

Dated : December 23, 2013

US$84,000,000 Facility Agreement
dated June 21, 2010 (the "Facility Agreement")

Dear Sirs :

Pursuant to Clause 24 *(Changes to the Parties)* of the Facility Agreement, we hereby inform you that a Lender has transferred all of its participation in the Loan together with related rights and obligations to a new lender (the "New Lender"). A copy of the Transfer Certificate executed by such Lender, the New Lender and the Agent is as attached.

Terms defined in the Facility Agreement shall have the same meaning herein.

Your sincerely,
For and on behalf of
MEGA INTERNATIONAL COMMERCIAL BANK CO., LTD.
(as Agent)

Name: Priscilla Hsing
Title: VP & DGM

图Ap.4：C Whale号轮的转让证 (Deed of Transfer)

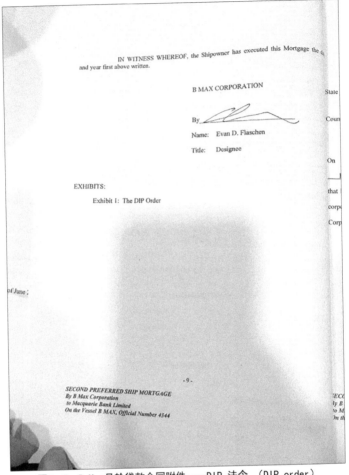

IN WITNESS WHEREOF, the Shipowner has executed this Mortgage the d.
and year first above written.

B MAX CORPORATION

By

Name: Evan D. Flaschen

Title: Designee

EXHIBITS:

Exhibit 1: The DIP Order

State

Coun

On

that

corp

Corp

of June :

- 9 -

SECOND PREFERRED SHIP MORTGAGE
By B Max Corporation
to Macquarie Bank Limited
On the Vessel B MAX, Official Number 4344

图Ap.5：B Max号轮贷款合同附件——DIP 法令 （DIP order）

PROVIDED ONLY, and the condition of these presents is such that if the Shipowner, its successors or assigns, or any other party liable therefor, shall pay or cause to be paid the Indebtedness Hereby Secured as and when the same shall become due and payable in accordance with the terms of the DIP Order, and shall perform, observe and comply with the covenants, terms and conditions in the DIP Order and in this Mortgage contained, expressed or implied, to be performed, observed or complied with by and on the part of the Shipowner, then these presents and the rights hereunder shall cease, determine and be void; otherwise to be and remain in full force and effect.

IT IS HEREBY COVENANTED, DECLARED AND AGREED that the Vessel is to be held subject to the further covenants, conditions, provisions, terms and uses hereinafter set forth:

ARTICLE 1
COVENANTS OF THE SHIPOWNER

The Shipowner represents to, and covenants and agrees with, the Mortgagee as follows:

Section 1.1　Performance of Obligations. The Shipowner will fulfill its obligations under the DIP Order and such other orders of the Bankruptcy Court as are relevant to this Mortgage.

Section 1.2　Vessel Documentation. The Shipowner was duly organized and is now validly existing as a Marshall Islands corporation. The Vessel is duly and validly registered in the name of the Shipowner under the laws and flag of the Republic of the Marshall Islands and shall so remain during the life of this Mortgage.

Section 1.3　Valid Mortgage. The Shipowner has duly authorized the making, execution, and recordation of this Mortgage as a preferred ship mortgage under the laws of the Republic of the Marshall Islands.

Section 1.4　Due Recordation. The Shipowner will cause and/or permit this Mortgage to be duly recorded in accordance with the provisions of the Marshall Islands Maritime Act, and will otherwise comply with and satisfy all of the provisions of the Marshall Islands Maritime Act to establish and maintain this Mortgage as a second preferred mortgage lien upon the Vessel and upon all renewals, replacements and improvements made in or to the same.

Section 1.5　Arrest of Vessel. If a lien, libel or complaint is filed against the Vessel, or if the Vessel is attached or arrested, the Shipowner will promptly notify the Mortgagee in writing of such event.

- 4 -

SECOND PREFERRED SHIP MORTGAGE
By B Max Corporation
to Macquarie Bank Limited
On the Vessel B MAX, Official Number 4344

图Ap.6：　B Max号轮贷款合同附件——第一条（Article 1）

Section 1.6　Access to Vessel. The Shipowner, during normal business hours upon reasonable notice and at reasonable intervals, will afford the Mortgagee or its authorized representatives for and complete access to the Vessel, where located, for the purpose of inspecting the same and its contents, cargoes and papers and, at the written request of the Mortgagee, will deliver for inspection copies of any and all vessel documentation for the Vessel.

Section 1.7　Location of Vessel. The Vessel shall not be abandoned in any port or place except as may be permitted in writing by the Mortgagee.

Section 1.8　Notice of Mortgage. The Shipowner will carry or cause to be carried on board the Vessel with its documents a properly certified copy of this Mortgage and will cause such certified copy and the documents of the Vessel to be exhibited to any and all persons having business with the Vessel which might give rise to a maritime lien thereon, other than liens for current crew's wages, salvage and for insurance premiums not in arrears, and to any representative of the Mortgagee; and will place and keep prominently displayed in the chart room and in the Master's cabin of the Vessel a framed and printed notice in plain type of such size that the paragraph of the reading matter shall cover a space not less than six (6) inches wide by nine (9) inches high, and reading as follows:

> ### NOTICE OF SECOND PREFERRED SHIP MORTGAGE
>
> This Vessel is subject to a Second Preferred Mortgage in favor of Macquarie Bank Limited as Mortgagee, under authority of Chapter 3 of the Maritime Act 1990 of the Republic of the Marshall Islands. Under the terms of such Second Preferred Mortgage, neither the Shipowner, any charterer, the Master of this Vessel nor any other person shall have the right, power or authority to create, incur or permit to be placed or imposed upon this Vessel any lien whatsoever other than the lien of said Second Preferred Mortgage, a pre-existing First Preferred Ship Mortgage, and liens for crew's wages (including wages of the Master), liens for wages of stevedores employed directly by the Shipowner or the operator, Master, ship's husband or agent of this Vessel, general average and salvage (including contract salvage)."

ARTICLE 2
EVENTS OF DEFAULT AND REMEDIES

Section 2.1　Event of Default. Each of the following events are herein termed an "*Event of Default*":

(a)　Any representation or warranty by the Shipowner made or deemed made in this Mortgage shall prove to have been incorrect or misleading in any material respect when made; or

- 5 -

SECOND PREFERRED SHIP MORTGAGE
By B Max Corporation
to Macquarie Bank Limited
On the Vessel B MAX, Official Number 4344

图Ap. 7：B Max号轮贷款合同附件——第二条（Article 2）

(b)　Any default under the DIP Order or the DIP Facility shall have occurred and be continuing unless such default is waived in writing by the Mortgagee;

(c)　Any Termination of the DIP Facility; or

(d)　Any arrest of the Vessel.

Section 2.2　Consequences of Default. If any Event of Default as specified herein shall have occurred and be continuing, then and in each and every such case the Mortgagee shall have the right to:

(a)　Exercise all of the rights and remedies in foreclosure and otherwise given to mortgagees by the Marshall Islands Maritime Act;

(b)　Exercise any other rights granted pursuant to the DIP Order or otherwise granted by the Bankruptcy Court; and

(c)　Act as attorney-in-fact of the Shipowner with irrevocable power to take such action as may be permitted and reasonably necessary with regard to the exercise of the foregoing rights of the Mortgagee.

Section 2.3　Possession of Vessel. So long as no Event of Default has occurred and is continuing, the Shipowner shall be suffered and permitted to retain actual possession and use of the Vessel.

ARTICLE 3
SUNDRY PROVISIONS

Section 3.1　Amount of Mortgage. For purposes of filing and recording this Mortgage as required by the provisions of the Marshall Islands Maritime Act, the total amount of this Mortgage is twenty million two hundred thousand Dollars, United States currency (US$20,200,000).

Section 3.2　Successors and Assigns. All of the covenants, promises, stipulations and agreements of the Shipowner in this Mortgage contained shall bind the Shipowner and its successors and assigns and shall inure to the benefit of the Mortgagee and its successors and assigns and all persons claiming by, through or under it. The Shipowner recognizes that the Mortgagee may, consistent with applicable law, assign or otherwise transfer its rights under this Mortgage.

- 6 -

SECOND PREFERRED SHIP MORTGAGE
By B Max Corporation
to Macquarie Bank Limited
On the Vessel B MAX, Official Number 4344

图Ap. 8：B Max号轮贷款合同附件——第三条（Article 3）

ACKNOWLEDGMENT

State of Connecticut)

) ss: Hartford

County of Hartford)

On the ____14th____ day of ____March____, 2014, before me personally came ____Evan D. Flaschen____, to me known, who being by me duly sworn, did depose and say that he is a ____Designee____ of B Max Corporation, a Republic of the Marshall Islands corporation; that he executed the foregoing Second Preferred Mortgage in the name of B Max Corporation; and that he signed his name thereto by authority of his position with said company.

Elizabeth L. Tyler

Elizabeth L. Tyler
Notary Public-Connecticut
My Commission Expires
August 31, 2018

- 10 -

SECOND PREFERRED SHIP MORTGAGE
By B Max Corporation
to Macquarie Bank Limited
On the Vessel B MAX, Official Number 4344

图Ap.9：B Max号轮贷款合同附件——声明（Acknowledgement）

SECOND PREFERRED SHIP MORTGAGE

Given By

C HANDY CORPORATION
Shipowner

To

MACQUARIE BANK LIMITED
Mortgagee

WITNESSETH; THIS SECOND PREFERRED SHIP MORTGAGE, dated as of this 20th day of June, 2013 (this "*Mortgage*"), by C Handy Corporation, a Marshall Islands corporation (the "*Shipowner*"), with an office in care of Care of TMT Co Ltd., 16th Floor, 200, Keelung Road, Section 1, Xinyi District, Taipei City, China, Republic of (Taiwan), to Macquarie Bank Limited (the "*Mortgagee*"), a bank and financial institution duly incorporated under the laws of Australia, having its registered office at 1 Martin Place, Sydney NSW 2000, Australia.

WHEREAS:

1. The Shipowner is the sole owner of the whole of the vessel named C HANDY (hereinafter called the "*Vessel*"), Official Number 4231, which Vessel is documented in the name of the Shipowner under the laws of the Republic of the Marshall Islands, of 22,683 gross tons or thereabouts; which Vessel is subject to that certain First Preferred Ship Mortgage dated September 16, 2011, granted by the Shipowner to The Shanghai Commercial & Savings Bank, Ltd. in the total amount of US$18,500,000, recorded on September 16, 2011 at 10:16 a.m. K.S.T. at Seoul, Korea (September 15, 2011 at 09:16 p.m. E.D.S.T. in the Central Office of the Maritime Administrator) in Book PM 22 at Page 395; as amended by that certain First Amendment to the First Preferred Mortgage dated May 11, 2012, recorded on May 17, 2012 at 11:51 a.m. H.K.T. (May 16, 2012 at 11:51 a.m. E.D.S.T. in the Central Office of the Maritime Administrator) in Book PM 23 at Page 470; as assigned by that certain Assignment of First Preferred Mortgage dated December 9, 2013 to Deutsche Bank AG, London Branch except for the amount of U.S. $1.00, recorded on December 11, 2013 at 05:59 p.m. H.K.T. at Hong Kong (December 11, 2013 at 04:49 a.m. E.S.T. in the Central Office of the Maritime Administrator) in Book PM 24 at Page 1223; and as further assigned by that certain Assignment No. 2 of First Preferred Mortgage dated Dec. 12, 2013 to CVI CVF II Lux Master Sarl and its successors 85.65% of the right, title and interest of Deutsche Bank AG, London Branch, recorded on December 19, 2013 at 05:05 p.m. H.K.T. at Hong Kong (December 19, 2013 at 04:05 a.m. E.S.T. in the Central Office of the Maritime Administrator) in Book PM 24 at Page 1255.

图Ap. 10：嘉沃（CarVal）仅拥有C Handy号轮的85％

From: Russell Gardner <Russell.Gardner@hilldickinson.com>
Date: Wed, 25 Jun 2014 08:57:17 +0000
To: tony@gamingventures.co<tony@gamingventures.co>; nobu@blueskyfing.com<nobu@blueskyfing.com>
Cc: Albert Luoh <albert.luoh@tmtship.com>; Rebecca Maddison<Rebecca.Maddison@hilldickinson.com>; Edwin Cheyney<Edwin.Cheyney@hilldickinson.com>
Subject: Lakatamia v Nobu Su et al [HD-UKLIVE.FID452107]

I refer to your emails last evening and, for ease of communication, I would be grateful if you could correspond with me – as partner in charge – henceforth with Rebecca copied in. I have the following comments:

1. ▓▓▓▓▓▓▓▓▓▓▓▓▓▓▓▓▓▓▓▓▓▓▓▓▓▓▓▓▓▓▓▓▓▓

Vidal Martinez collusion?

2. ▓▓▓▓▓▓▓▓▓▓▓▓▓▓▓▓▓▓▓▓▓▓▓ but I am afraid that we are not going to respond to threats. The allegations of 'conspiracy' against Lakatamia in the Texas proceedings are in any event completely groundless. All that has happened is that we intervened in those proceedings to ensure that the court (and Vantage Drilling) were aware of the freezing orders which we had obtained so that our client's position was, so far as possible, protected. ▓▓▓▓▓▓▓▓▓▓▓▓▓▓▓ I suggest that you devote your efforts to achieving that instead of making unwarranted threats.

3. Tony's status is noted but it is inappropriate for us to communicate on substantive matters concerning the litigation with a solicitor who is not prepared to be on the Court record – and the Court would not expect us to. There is accordingly every basis for our position but, speaking wp, we would be interested to know what help it is anticipated Tony can give, in particular in relation to the matters set out in Rebecca's email dated 23rd June. If, as appears, our application to amend is going to be opposed, we will endeavour to arrange a convenient date in July but that cannot be guaranteed. That depends on our Counsel's and the Court's availability.

图Ap. 11：维达尔·马丁内斯/万泰附件

EXHIBIT "D"
in the united states bankruptcy court
for the SOUTHERN district of TEXAS
HOUSTON division

In Re:	§	Chapter 11
TMT PROCUREMENT CORPORATION,	§	Case No. 13-33763
et al.,	§	
Debtors.	§	Jointly Administered

TO ALL CREDITORS AND INTERESTED
PARTIES:

Mr. Su encourages all creditors to vote in favor of the
Plan. In addition, to the Debtors' Disclosure Statement,
Mr. Su encourages creditors and interested parties to
review the pleadings and other disclosure statements
that have been filed in the case – all of which are
available at http://dm.epiq11.com/#/case/TMT/info, as
well as review the pleadings and briefs in the related
cases pending before the United States District Court
for the Southern District of Texas.

Mr. Su believes that this Chapter 11 was unique. Most
Chapter 11 ships were not allowed to generate revenue
so MOR became simple expenditure. The jointly
administered Debtors had assets with a combined
assets exceeding $1.2 billion, including some of
the newer, most valuable and innovative vessels in
the world. Mr. Su contends those vessels sold for a
fraction of their value less than outstanding secured
debts. In many instances, the sales were to the lenders
and/or their affiliates by credit bid over the objection
of Mr. Su.

Since the filing of the Bankruptcy, Mr. Su continues
to learn more and more about the issues which may
have been related and/or contributed to the Debtors'
perceived need to file Bankruptcy and/or which may
have impacted the success of the Bankruptcy. In
particular, recent news reports regarding investigations
of some of the Debtors' lenders have raised significant
concern.

According to one Consent Order entered into by Mega International Commercial Bank ("Mega Bank") with NYDFS where Mega Bank was subject to a huge fine, NYDFS' investigation of Mega International Commercial Bank occurred between 2012 and later. The Debtors issues with lenders spanned the same timeframe.

Given the recent news, Mr. Su has a heightened concern regarding meetings certain Taiwanese lenders reportedly had in the period before the Bankruptcy was filed, as well as meetings he had with such lenders. For example, in or around April 2013, Mega Bank requested that the Debtors pay $20 million and, if paid, Mega Bank reportedly would work to restructure the TMT related companies.

By further example, Mr. Su is concerned regarding a loan between Mega Bank and TMT Procurement which was an unsecured loan. After the NYDFS was already apparently auditing Mega Bank, Mega Bank demanded a security interest in the Panamanian flag M/V A Ladybug which was owned by A Ladybug Corporation in Panama, a different debtor, less than a year prior to the Bankruptcy filing. Mr. Su is concerned that this loan, improper demand for security and the actions of Mega Bank could be related to criminal cases filed in Taiwan regarding McKinney Tsai and Mega Bank.

News reports represent that McKinney Tsai was indicted on charges of breach of trust, forgery, insider trading and other crimes.[1] These reports further triggered Mr. Su's concerns because he had analyzed the lenders' signatures on loan documents and proof of claims and found significant discrepancies. Su Parties have also requested lenders voluntarily provide certified copies of loan documents attesting to the authenticity to no avail.

---

1 See, http://www.taipeitimes.com/News/front/archives/2016/12/03/2003660471 and http://focustaiwan.tw/news/aeco/201704200019.aspx

Mr. Su encourages the Plan Administrators to review and investigate issues related to the Debtors and all lenders, but especially with respect to Mega International Commercial Bank, First Commercial Bank, Chinatrust Commercial Bank Co., Ltd. a/k/a CTBC Bank, Shanghai Commercial & Savings Bank, Ltd., Cathay United Bank, Ltd., and Bank Sinopac, including but not limited to the sale of the debt by such lenders to SC Lowry, JP Morgan Chase Bank N.A., Macquarie Bank, Deutche Bank, Barclays Bank and Cortland Capital Services to the extent such debt was transferred to these parties as intermediaries for other lenders such as OCM Formosa Straight Holdings, Pacific Orca and Oaktree Capital or others as such transfers may have been contrary to Taiwanese financial public information and regulations.

In summary, Mr. Su is concerned that the Debtors' accounts and/or assets related to the loan facilities were improperly handled, including but not limited to: accounting irregularities; improper calculations; potentially improper use of intermediary Lenders when selling debt owed by the Debtors; ship flag mortgage registries: signatures on loan related documents and proof of claims which appear to be inconsistent; potentially improper default notices under English and/or Taiwanese law; etc. Further, on information and belief, entities with names similar to the Debtors or the Debtors' vessels were incorporated in foreign jurisdictions which Mr. Su believes appears odd and may be related to the Debtors' accounts or assets.

Mr. Su believed that authorizing the filing of Chapter 11 would provide an opportunity for the Debtors to restructure the business and continue operating. In the end, the ships were sold. Mr. Su opposed the sale of the vessels because he believed they had substantial value and a life of at least 25 years which in a long-term plan could have provided value to creditors. For evidences, 16 vessels had earned over USD300mill EBITDA after ship sold until today. Others disagreed with him and the ships were sold. Contrarily, all banks started to auction Mr. Su personal assets and TMT Co, Ltd. assets without having proper audited deficiencies.

While Mr. Su is agreeing to release the Debtors as part of the settlement reached at mediation with the Debtors and UCC, such settlement in no way waives, prejudices or has any precedential effect on Mr. Su's patent claims against other parties. Mr. Su is preserving any and all rights, claims, interests and defenses he has related to all patent claims he may have against the vessels formerly owned by the Debtors, current owners, Debtors' lenders and/or other third parties. Mr. Su currently owns 3 granted patents related to estates ships as two of them were patent pending in 2014.

APPROVED BY:

_____   _____

HSIN CHI SU   DATE

图Ap. 12：D附件

图Ap.13：A Duckling号轮附件

		Anping Land	Hualilen house	Dunhua house
				Dollar: USD
1	TaiChung Bank	$20,583,261		
2	Bank of America	8,836,538		$1,174,904
3	MRMBS II LLC			331,818
4	Wilmington Trust		$187,945	2,045,098
5	Shanghai Bank		1,853	625,720
6	Cathay Bank			1,575,391
7	Operation expense	4,643,164	35,869	117,440
	Auction Total	$34,062,963	$225,667	$5,870,370

No.	Subject	Date	Amounts of Transaction in USD	Counterparty	Loss or profit of transaction in USD
1	Bad debts and accounts receivable	December 13, 2013	10,825,000	SC Lowy Primary Investments, Ltd.	Loss approximately 6,654,012
2	Bad debts	December 18, 2013	36,400,000	Macquarie Bank Limited	Loss approximately 4,030,000

● 通匯銀行

幣別	通匯銀行	SWIFT CODE
日幣 (JPY)	Bank of Japan, H.O., Tokyo (日本銀行) The Bank of Tokyo-Mitsubishi UFJ, Ltd. Shinn-marunouchi Br. (三菱東京UFJ銀行新丸之內支店)	BOJPJPJT BOTKJPJT
美金 (USD)	Mega ICBC, New York (兆豐國際商業銀行紐約分行) Mega ICBC, HOTRD (兆豐國際商業銀行財務部)	ICBCUS33 ICBCTWTP011
歐元 (EUR)	Mega ICBC, Amsterdam (兆豐國際商業銀行阿姆斯特丹分行)	ICBCNL2A
人民幣 (CNY)	Mega ICBC, HongKong (兆豐國際商業銀行香港分行)	ICBCHKHH

東京分行服務專線

〒100-0005
東京都千代田区丸之内2-2-1岸本大樓7樓
電話：03-3211-6688
傳真：03-3216-5686
SWIFT CODE：ICBCJPJT
E-mail：tokyo@megabank.com.tw

存款：03-3211-1227
放款：03-3211-2587
外匯：03-3211-1240

どうぞ、お気軽に下記までご相談ください。

〒100-0005
東京都千代田区丸の内2-2-1　岸本ビル7F
TEL：03-3211-6688（代）
FAX：03-3216-5686
SWIFT CODE：ICBCJPJT
E-mail：tokyo@megabank.com.tw

預金：03-3211-1227
貸付：03-3211-2587
外為：03-3211-1240

自2012年10月1日開始由台灣地區直接撥打東京分行免付費電話號碼：02-2181-1261

图Ap. 14：其他证据

图Ap. 15：A Ladybug号轮附件

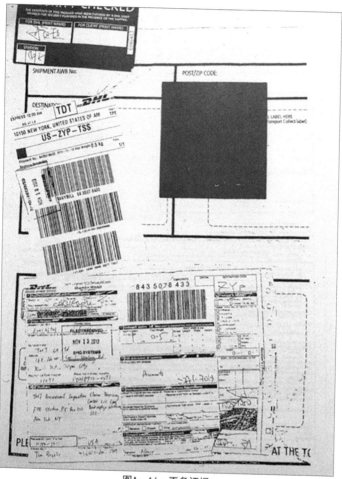

图Ap. 16：更多证据

Claim no.	Creditor Name	Filed Date	Total Claim Value	Remark (included continuing interest, costs, fees, expenses and carrying loss)
371	Hyundai Heavy Industries Co., Ltd	13/11/2013	US$6,989,047.00	against A Whale Corporation / MV A Whale * Unpaid interest from the period Jan 8, 2010 to Mar 1, 2010, amount to $ 6,023,333 * Additional interest from period Mar 1, 2011 to Jun 30, 2013 amounts to $915,714
378	Hyundai Heavy Industries Co., Ltd	13/11/2013	US$50,009,387.00	against B Whale Corporation / MV B Whale * as of the petition date, $ 29,785,358 principal of deferred amount + $ 6,448,928 in accrued interest * as of the petition date, $ 11,300,200 in principal of the Deferred CI amount + $ 2,474,901 in accrued interest
379	Hyundai Heavy Industries Co., Ltd	13/11/2013	US$0.00	against C Whale Corporation / MV C Whale
380	Hyundai Heavy Industries Co., Ltd	13/11/2013	US$5,955,545.00	against D Whale Corporation / MV D Whale * as of the petition date, $5,049,330 in principal of the Deferred CI Amount + $ 906,215 in accrued interest
381	Hyundai Heavy Industries Co., Ltd	13/11/2013	US$5,893,761.00	against E Whale Corporation / MV E Whale * as of the petition date, $5,019,230 in principal of the Deferred CI amount + $874,531 in accrued interest
382	Hyundai Heavy Industries Co., Ltd	13/11/2013	US$5,809,033.00	against G Whale Corporation / MV G Whale * as of the petition date, $5,117,840 in principal of the Deferred CI amount + $691,193 in accrued interest
383	Hyundai Heavy Industries Co., Ltd	13/11/2013	US$7,330,523.00	against H Whale Corporation / MV H Whale * as of the petition date, $6,476,840 in principal of the Deferred CI Amount + $853,683 in accrued interest
377	Hyundai Mipo Dockyard Co., Ltd	13/11/2013	US$1,080,000.00	against C Handy Corporation / MV C Handy * as of the petition date, the deferred amount of $1,000,000 and $80,000 in accrued interest
372	Hyundai Sambo Heavy Industries Co., Ltd	13/11/2013	US$58,754,439.00	against F Elephant Inc / MV Forturn Elephant *as of the petition date, the deferred CI amount of $ 7,541,242 in principal + $1,213,197 in accrued interest
373	Hyundai Sambo Heavy Industries Co., Ltd	13/11/2013	US$57,437,266.00	against A Ladybug Corporation/ MV A Ladybug * as of the petition date, the deferred amount of $40,000,000 in principal + $8,398,334 in accrued interest * as of the petition date, $7,807,420 in principal of the deferred CI amount + $ 1,240,512 in accrued interest
374	Hyundai Sambo Heavy Industries Co., Ltd	13/11/2013	US$14,254,958.00	against C Ladybug Corporation/ MV C Ladybug * as of the petition date, the deferred amount of $5,000,000 in principal + $ 685,556 in accrued interest * as of the petition date, $7,647,340 in principal of the deferred CI amount + $972,062 in accrued interest
375	Hyundai Sambo Heavy Industries Co., Ltd	13/11/2013	US$13,956,803.00	against D Ladybug Corporation/ MV D Ladybug * as of the petition date, the deferred amount of $5,000,000 in principal + $ 467,639 in accrued interest * as of the petition date, $7,645,550 in principal of the deferred CI amount + $715,071 in accrued interest * as of the petition date, the delivery amount of$98,958 in principal + $29,858 in accrued interest
375	Hyundai Sambo Heavy Industries Co., Ltd	13/11/2013	US$9,893,692.00	against B Max Corporation / MV B Max * as of the petition date, the deferred amount of $9,023,661 in principal + $ 870,031 in accrued interest
			US$187,314,454.00	

图Ap. 17：现代（Hyundai）在破产案中提交索赔证据

LOAN AGREEMENT

by and between

C Handy Corporation

as Borrower

and

The Shanghai Commercial & Savings Bank, Ltd.

as Lender

GUARANTEED by

Taiwan Maritime Transportation Co., Ltd.

and

Mr. Hsin Chi Su (蘇信吉)

Ding & Ding Law Offices
10th Fl., No. 563,
Chung Hsiao E. Rd., Sec. 4,
Taipei, Taiwan, R. O. C.

Tel: 886-2-2762-5659
Fax: 886-2-2761-7682
E-mail: ddinglaw@ms12.hinet.net

图Ap. 18：C Handy 号轮和上海银行的贷款协议，TMT作担保人

FIRST PREFERRED MARSHALL ISLANDS SHIP MORTGAGE

of

m.v.."C Handy"

by

C Handy Corporation

As Owner and Mortgagor

to

The Shanghai Commercial & Savings Bank, Ltd.

As Mortgagee

To Secure

A US$18,500,000 Term Loan Facility

Under

A Loan Agreement

Ding & Ding Law Offices
10th Fl., No. 563,
Chung Hsiao E. Rd., Sec. 4,
Taipei, Taiwan, R. O. C.

Tel: 886-2-2762-5659
Fax: 886-2-2761-7682
E-mail: ddinglaw@ms12.hinet.net

图Ap. 19：C Handy 号轮抵押贷款文件

Notice of Assignment

(to Borrower/Guarantors)

To: C Handy Corporation ("Borrower")
Attention: Greene Hung
Address: 12F, No. 167, Fu Hsin N. Rd., Taipei, Taiwan, ROC
Fax number: 886-2-8771-1559

TAIWAN MARITIME TRANSPORTATION CO., LTD. ("Corporate Guarantor")
Attention: Greene Hung
Address: 12F, No. 167, Fu Hsin N. Rd., Taipei, Taiwan, ROC
Fax number: 886-2-8771-1559

HSIN CHI SU (蘇信吉) ("Personal Guarantor")
Address: 12F, No. 167, Fu Hsin N. Rd., Taipei, Taiwan, ROC
Fax number: 886-2-8771-1559

From: Deutsche Bank AG, London Branch ("Assignor") and
CVI CVF II Lux Master S.a.r.l. ("Assignee")

12 December 2013

Dear Sirs

Loan Agreement dated 7 June 2011 (as amended from time to time) between Borrower and The Shanghai Commercial & Savings Bank, Ltd. ("SCSB"), together with any amendments, supplements to such Loan Agreement ("Loan Agreement") and all guarantees, promissory notes, mortgages, pledges, and other collaterals and securities provided by Borrower set forth in the Security Documents (as defined in the Loan Agreement) executed in connection with such Loan Agreement (collectively referred to the "Assigned Related Agreements")

1. On and with effect from 12 December 2013, Assignor assigned to Assignee pursuant to an Assignment Agreement dated 12 December 2013 (the "Assignment") any and all of Assignor's rights, titles, interests, benefits, entitlements, remedies, claims, and causes of action arising from and/or under the Assigned Related Agreements corresponding to an outstanding principal amount of Five Million Nine Hundred Three Thousand Seven Hundred Thirty-Six and Twenty-Seven Cent United States Dollars (USD5,903,736.27) ("Outstanding Principal") under SCSB's claim in the insolvency proceedings of the Borrower in connection with the Assigned Related Agreements (the "Assigned Rights"), including, without limitation:

   (a) the Guarantees issued by the Corporate Guarantor and Personal Guarantor to guarantee the performance of any and all the obligations under the Loan Agreement and Security Documents in favor of and to SCSB,

   (b) Assignor's rights and entitlements to collect the hire, freight and other payments under the charterparties of m.v. C Handy (if any), the rights and entitlements to claim and receive the insurance proceeds arising from the Hull and Machinery

图Ap. 20a–e：上海商业储蓄银行用错误纸张打印文件

Insurance, War Risk Insurance and other related insurances, and the protection and indemnity insurance coverage provided by mutual (i.e., co-operative) insurance association, the rights and entitlements to claim and receive Earnings and Requisition Compensation (as defined in the Assignment Agreement dated 7 June 2011 between Borrower and SCSB, which is part of the Security Documents);

(c)　　the rights and interests of the Assignor in and with respect to any and all the benefits of any payment orders (支付命令) and the certification of such payment orders being final and irrevocable (支付命令確定證明書) issued by the courts of the Republic of China and the promissory note enforcement order (本票裁定) and the certification of such enforcement orders being final and irrevocable (本票裁定確定證明書) (if any) issued by the courts of the Republic of China and any other court orders, court judgment awards, execution titles of the like obtained or to be obtained by SCSB against the Borrower and/or Corporate Guarantors and /or Personal Guarantors and the funds, proceeds and /or any recovery arising from or in connection with these orders, judgment awards, execution titles, or the like, including without limitation, the payment orders and promissory note enforcement orders listed in the **Schedule 1** attached hereto.

2. The details of Assignee's facility office are as follows:

> **CVI CVF II Lux Master S.a.r.l.**
> C/O Carval Investors UK Limited
> 3rd Floor, 25 Great Pulteney Street
> London, W1F 9LT
>
> Attn: Annemarie Jacobsen/David Short
> Email: Annemarie.jacobsen@carval.com/ david.short@carval.com
> Tel: + 44 207 292 7720/21
> Fax: + 44 207 292 7777

3. With effect from the date of this notice, all payments due to Assignee (to the extent attributable to the Outstanding Principal) and required to be deposited to the Retention Account and Earnings Account (which account details are set out below) in accordance with the Assigned Related Agreements (i.e., the Loan Agreement and Security Documents) shall remain unchanged, and Borrower shall continue to abide by the Assigned Related Agreements and make and deposit the payments to these accounts just as Borrower has done before receipt of this notice of assignment:

> Retention Account
> Account Name: C Handy Corporation
> Account No.: 2710800550719I
> Name of Bank: The Shanghai Commercial & Savings Bank, Ltd.
> 　　　　　Offshore Banking Unit
>
> Earnings Account
> Account Name: C Handy Corporation
> Account No.: 2710800030520I
> Name of Bank: The Shanghai Commercial & Savings Bank, Ltd.

Offshore Banking Unit

For avoidance of any doubt, from the effective date of this notice of assignment, SCSB shall continue to act as the Agent in relation to the administration of the facility and security under and in accordance with the Assigned Related Agreements and account bank for the Retention Account and Earnings Account.

4. Except for the payments required to be deposited into the Retention Account and Earning Account as set forth in paragraph (3) above, with effect from the date of this notice, all other payments (if any) due to Assignor in respect of the Assigned Rights (to the extent attributable to the Outstanding Principal) shall be directly paid to Assignee. The details of Assignee's account for these purposes are as follows:

  Account Name: CVI CVF II Lux Master Sárl
  Account Number: 486347003
  Beneficiary Bank: JP Morgan Chase, New York
  BIC: CHASUS33

5. Terms defined in the Assignment have the same meanings when used in this notice.

6. Assignor assigned to Assignee pursuant to the ASSIGNMENT OF A FIRST PREFERRED MORTGAGE dated on or around the date hereof Assignor's rights, interest and benefit (to the extend attributable to the Outstanding Principal) in the First Preferred Mortgage established and registered on m.v. C Handy.

Sandeep Chandak / Heng Cheam
Director
Deutsche Bank AG, London Branch

CVI CVF II Lux Master S.a.r.l.
BY CARVAL INVESTORS UK LIMITED

DAVID SHORT
OPERATIONS MANAGER

Schedule 1:
List in conjunction with the enforcement orders and payment orders

C Handy

Account Name: C Handy Corporation
Account No.: 27108000305201
Name of Bank: The Shanghai Commercial & Savings Bank, Ltd.
Offshore Banking Unit

For avoidance of any doubt, from the effective date of this notice of assignment, Assignor shall continue to act as the Agent in relation to the administration of the facility and security under and in accordance with the Assigned Related Agreements and Account Bank for the Retention Account and Earnings Account, and the Agent shall only, to the extent permitted by applicable laws and/or court orders and the terms of the Assigned Related Agreements and the account opening agreements in respect of the Retention Account and Earning Account between Account Bank and the account holder, operate these two accounts in accordance with the instructions of majority of Assignee and Syndicated Members Banks (as defined in the Assignment); Account Bank shall not exercise any right of combination, consolidation, or set-off against the accounts without Assignee's prior written consent; nor shall Account Bank amend or vary any rights attaching to the accounts without the prior written consent of a majority of Assignee and Syndicated Members Banks.

4. Except for the payments required to be deposited into the Retention Account and Earning Account as set forth in paragraph (3) above, with effect from the date of this notice, all other payments (if any) due to Assignor in respect of the Assigned Rights shall be directly paid to Assignee. The details of Assignee's account for these purposes are as follows:

Deutsche Bank Trust Americas, New York (ABA 021001033)
Account Number: 04411739
Beneficiary: Deutsche Bank AG London (SWIFT - DEUT GB 2L)
Reference: TMT / SCSB
Attention: London Loans Admin / Yvonne Choo
Email: yvonne.choo@db.com

5. Terms defined in the Assignment have the same meanings when used in this notice.

6. Assignor, in its capacity as a lender, assigned to Assignee pursuant to the ASSIGNMENT OF A FIRST PREFERRED MORTGAGE dated on or around the date hereof Assignor's First Preferred Mortgage established and registered on m.v. C Handy.

....
The Shanghai Commercial & Savings
Bank, Ltd.　Kevin Shiao
Senior Vice President

....
Deutsche Bank AG, London
Branch　Sandeep Chandak
Director

Jack Tsai
Director

Schedule 1:
List in conjunction with the enforcement orders and payment orders

錯誤！無法識別文件屬性名稱。

C Handy

Schedule 1

List in conjunction with the enforcement orders and payment orders

The status of orders granted until 2013.10.15

C HANDY	Order Number	Principal Payable	Interest and Fees Payable	Status
C HANDY promissory note enforcement order	Taipei District Court, Year 102 Si-PiaoTze No.8605	USD 16,496,703.19	Interest is 6% per year with the principal of USD 16,453,692.32 and calculated from May 4, 2013, until payment in full + Procedural fee NTD5,000.	Not final
TMT promissory note enforcement order	Taipei District Court, Year 102 Si-PiaoTze No.8604	USD 16,496,703.19	Interest is 6% per year with the principal of USD 16,453,692.32 and calculated from May 4, 2013, until payment in full + Procedural fee NTD5,000.	Final and Binding
TMT payment order	Taipei District Court, Year 102 Si-Tzu-Tze No.12390	USD 16,496,703.19	Interest: 4.0058% per year with the principal of USD 16,453,692.32 and calculated from May 4, 2013, until payment in full. Default Penalties: (See the annex of the payment order). Procedural fee NTD500.	Final and Binding

錯誤！ 無法識別文件屬性名稱。

IN THE UNITED STATES BANKRUPTCY COURT
FOR THE SOUTHERN DISTRICT OF TEXAS
HOUSTON DIVISION

In re:	§	Chapter 11
	§	
TMT PROCUREMENT CORP., *et al.*,[1]	§	Case No. 13-33763
	§	
	§	
DEBTORS.	§	Jointly Administered

EMERGENCY MOTION FOR ENTRY OF FINAL ORDER (I) AUTHORIZING POST-PETITION SECURED FINANCING TO B MAX CORPORATION AND (II) PROVIDING RELATED RELIEF WITH RESPECT THERETO

THERE WILL BE A HEARING ON THIS MOTION ON MARCH 10, 2014 AT 9:00 A.M. IN COURTROOM 404 AT THE U.S. BANKRUPTCY COURT, 515 RUSK AVENUE, HOUSTON, TEXAS 77002.

THIS MOTION SEEKS AN ORDER THAT MAY ADVERSELY AFFECT YOU. IF YOU OPPOSE THE MOTION, YOU SHOULD IMMEDIATELY CONTACT THE MOVING PARTY TO RESOLVE THE DISPUTE. IF YOU AND THE MOVING PARTY CANNOT AGREE, YOU MUST FILE A RESPONSE AND SEND A COPY TO THE MOVING PARTY. YOU MUST FILE AND SERVE YOUR RESPONSE WITHIN 14 DAYS OF THE DATE THIS WAS SERVED ON YOU. YOUR RESPONSE MUST STATE WHY THE MOTION SHOULD NOT BE GRANTED. IF YOU DO NOT FILE A TIMELY RESPONSE, THE RELIEF MAY BE GRANTED WITHOUT FURTHER NOTICE TO YOU. IF YOU OPPOSE THE MOTION AND HAVE NOT REACHED AN AGREEMENT, YOU MUST ATTEND THE HEARING. UNLESS THE PARTIES AGREE OTHERWISE, THE COURT MAY CONSIDER EVIDENCE AT THE HEARING AND MAY DECIDE THE MOTION AT THE HEARING.

THIS MOTION SEEKS A WAIVER OF THE NORMAL REQUIREMENT FOR SEPARATE INTERIM AND FINAL HEARINGS ON PROPOSED POST-PETITION FINANCING. EMERGENCY RELIEF HAS BEEN REQUESTED. IF THE COURT CONSIDERS THE MOTION ON AN EMERGENCY BASIS, THEN YOU WILL HAVE LESS THAN 14 DAYS

---

[1] The Debtors in these chapter 11 cases are: (1) A Whale Corporation; (2) B Whale Corporation; (3) C Whale Corporation; (4) D Whale Corporation; (5) E Whale Corporation; (6) G Whale Corporation; (7) H Whale Corporation; (8) A Duckling Corporation; (9) F Elephant Inc.; (10) A Ladybug Corporation; (11) C Ladybug Corporation; (12) D Ladybug Corporation; (13) A Handy Corporation; (14) B Handy Corporation; (15) C Handy Corporation; (16) B Max Corporation; (17) New Flagship Investment Co., Ltd; (18) RoRo Line Corporation; (19) Ugly Duckling Holding Corporation; (20) Great Elephant Corporation; and (21) TMT Procurement Corporation.

图Ap. 21：破产案的紧急动议

DECLARATION OF JOHAN SUDIMAN

I, Johan Sudiman, declare as follows:

1. I am employed as Executive Director of J.P. Morgan Securities (Asia Pacific) Limited. All statements of fact contained herein are true and correct and are based upon my personal knowledge, or based upon a review of defendant JPMorgan Chase Bank, N.A.'s ("JPMorgan") records where ownership of the "Debt," as defined below, would reasonably be expected to be reflected.

2. Transfer Certificates dated various dates in January 2014 were executed pursuant to which the holders of various tranches of loans secured by certain vessels known as the *M.V. C Whale*, the *M.V. D Whale*, the *M.V. G Whale* and the *M.V. H Whale* transferred such tranches to JPMorgan, as set forth below (the "Debt"):

M.V. C Whale

- A Transfer Certificate dated January 17, 2014 was executed pursuant to which CTBC Bank Co., Ltd. transferred to JPMorgan $7,500,000 of a loan designated as US$84,000,000 Facility Agreement for C Whale Corporation dated June 21, 2010. (Ex. A.)

- A Transfer Certificate dated January 20, 2014 was executed pursuant to which Ta Chong Bank Ltd. transferred to JPMorgan $4,125,000 of a loan designated as US$84,000,000 Facility Agreement for C Whale Corporation dated June 21, 2010. (Ex. B.)

- A Transfer Certificate dated January 21, 2014 was executed pursuant to which First Commercial Bank Co., Ltd. transferred to JPMorgan $2,625,000 of a loan designated as US$84,000,000 Facility Agreement dated June 21, 2010. (Ex. C.)

- A Transfer Certificate dated January 29, 2014 was executed pursuant to which a syndicate of lenders transferred to JPMorgan $38,624,999 of a loan designated as US$84,000,000 Facility Agreement dated June 21, 2010. (Ex. D.)

Exhibit B

1

图Ap. 22a-e：摩根大通的供词

M.V. D Whale

- A Transfer Certificate dated January 17, 2014 was executed pursuant to which CTBC Bank Co. Ltd. transferred to JPMorgan $7,200,000 of a loan designated as US$91,600,000 Facility Agreement for D Whale Corporation dated September 28, 2010. (Ex. E.)

- A Transfer Certificate dated January 20, 2014 was executed pursuant to which Ta Chong Bank Ltd. transferred to JPMorgan $5,520,000 of a loan designated as US$91,600,000 Facility Agreement for D Whale Corporation dated September 28, 2010. (Ex. F.)

- A Transfer Certificate dated January 21, 2014 was executed pursuant to which First Commercial Bank Co., Ltd. transferred to JPMorgan $5,520,000 of a loan designated as US$91,600,000 Facility Agreement dated September 28, 2010. (Ex. G.)

- A Transfer Certificate dated January 29, 2014 was executed pursuant to which a syndicate of lenders transferred to JPMorgan $44,839,999 of a loan designated as US$91,600,000 Facility Agreement dated September 28, 2010. (Ex. H.)

M.V. G Whale

- A Transfer Certificate dated January 17, 2014 was executed pursuant to which CTBC Bank Co. Ltd. transferred to JPMorgan $10,284,999 of a loan designated as US$90,000,000 Facility Agreement for G Whale Corporation dated March 9, 201[1]. (Ex. I.)

- A Transfer Certificate dated January 20, 2014 was executed pursuant to which Ta Chong Bank Ltd. transferred to JPMorgan $7,225,000 of a loan designated as US$90,000,000 Facility Agreement for G Whale Corporation dated March 9, 201[1]. (Ex. J.)

- A Transfer Certificate dated January 21, 2014 was executed pursuant to which First Commercial Bank Co., Ltd. transferred to JPMorgan $10,285,000 of a loan designated as US$90,000,000 Facility Agreement dated March 9, 2011. (Ex. K.)

- A Transfer Certificate dated January 29, 2014 was executed pursuant to which a syndicate of lenders transferred to JPMorgan $41,480,000 of a loan designated as US$90,000,000 Facility Agreement dated March 9, 2011. (Ex. L.)

M.V. H Whale

- A Transfer Certificate dated January 17, 2014 was executed pursuant to which CTBC Bank Co, Ltd. transferred to JPMorgan $10,285,000 of a loan designated as US$90,000,000 Facility Agreement for H Whale Corporation dated June 7, 2011. (Ex. M.)

- A Transfer Certificate dated January 20, 2014 was executed pursuant to which Ta Chong Bank Ltd. transferred to JPMorgan $7,225,000 of a loan designated as US$90,000,000 Facility Agreement for H Whale Corporation dated June 7, 201[1]. (Ex. N.)

- A Transfer Certificate dated January 21, 2014 was executed pursuant to which First Commercial Bank Co., Ltd. transferred to JPMorgan $10,284,999 of a loan designated as US$90,000,000 Facility Agreement dated June 7, 2011. (Ex. O.)

- A Transfer Certificate dated January 29, 2014 was executed pursuant to which a syndicate of lenders transferred to JPMorgan $41,480,000 of a loan designated as US$90,000,000 Facility Agreement dated June 7, 2011. (Ex. P.)

3. Transfer Certificates dated various dates in January 2014 were executed pursuant to which the Debt was transferred from JPM to OCM Formosa Strait Holdings, Ltd. ("OCM"), as set forth below:

M.V. C Whale

- A Transfer Certificate dated January 21, 2014 was executed pursuant to which JPMorgan transferred to OCM $11,625,000 of a loan designated as US$84,000,000 Facility Agreement for C Whale Corporation dated June 21, 2010. (Ex. Q.)

- A Transfer Certificate dated January 23, 2014 was executed pursuant to which JPMorgan transferred to OCM $2,625,000 of a loan designated as US$84,000,000 Facility Agreement for C Whale Corporation dated June 21, 2010. (Ex. R.)

- A Transfer Certificate dated January 29, 2014 was executed pursuant to which JPMorgan transferred to OCM $38,624,999 of a loan designated as US$84,000,000 Facility Agreement dated June 21, 2010. (Ex. S.)

M.V. D Whale

- A Transfer Certificate dated January 21, 2014 was executed pursuant to which JPMorgan transferred to OCM $12,720,000 of a loan designated as US$91,600,000 Facility Agreement for D Whale Corporation dated September 28, 2010. (Ex. T.)

- A Transfer Certificate dated January 23, 2014 was executed pursuant to which JPMorgan transferred to OCM $5,520,000 of a loan designated as US$91,600,000 Facility Agreement for D Whale Corporation dated September 28, 2010. (Ex. U.)

- A Transfer Certificate dated January 29, 2014 was executed pursuant to which JPMorgan transferred to OCM $44,839,999 of a loan designated as US$91,600,000 Facility Agreement dated September 28, 2010. (Ex. V.)

M.V. G Whale

- A Transfer Certificate dated January 21, 2014 was executed pursuant to which JPMorgan transferred to OCM $17,509,999 of a loan designated as US$90,000,000 Facility Agreement dated March 9, 2011. (Ex. W.)

- A Transfer Certificate dated January 23, 2014 was executed pursuant to which JPMorgan transferred to OCM $10,285,000 of a loan designated as US$90,000,000 Facility Agreement for G Whale Corporation dated March 9, 2011. (Ex. X.)

- A Transfer Certificate dated January 29, 2014 was executed pursuant to which JPMorgan transferred to OCM $41,480,000 of a loan designated as US$90,000,000 Facility Agreement dated March 9, 2011. (Ex. Y.)

M.V. H Whale

- A Transfer Certificate dated January 21, 2014 was executed pursuant to which JPMorgan transferred to OCM $17,510,000 of a loan designated as US$90,000,000 Facility Agreement dated June 7, 2011. (Ex. Z.)

- A Transfer Certificate dated January 23, 2014 was executed pursuant to which JPMorgan transferred to OCM $10,284,999 of a loan designated as US$90,000,000 Facility Agreement for H Whale Corporation dated June 7, 2011. (Ex. AA.)

- A Transfer Certificate dated January 29, 2014 was executed pursuant to which JPMorgan transferred to OCM $41,480,000 of a loan designated as US$90,000,000 Facility Agreement dated June 7, 2011. (Ex. BB.)

4. JPMorgan's business records described in Paragraph 1 above were searched for records that reflect the ownership or transfer of the Debt. Such records reflect the Transfer Certificates described in Paragraphs 2 and 3 above. Such records do not reflect, nor am I aware of, (a) any current ownership of the Debt; (b) any other ownership or transfer of the Debt; or (c) any agreement by JPMorgan to retain any right, title, interest, benefit, claim, cause of action, obligation or liability related to the Debt.

      I declare under penalty of perjury under the laws of the United States of America that the foregoing is true and correct.

Executed on: 26ᵗʰ March 2015

Historical Information

Provided by: CTBC FINANCIAL HOLDING CO., LTD.

SEQ_NO	3	Date of announcement	2013/11/12	Time of announcement	19:12:55

Subject   Announced by CTBC Financial Holding Co., Ltd. on behalf of CTBC Bank Co., Ltd. (CTBC Bank) regarding the sales of distressed assets

Date of events   2013/11/12   To which item it meets   paragraph 20

Statement

1.Name and nature of the subject matter (if preferred shares, the terms and conditions of issuance shall also be indicated, e.g.dividend yield): Non-Performing Loan of CTBC Bank
2.Date of occurrence of the event: 2013/11/12
3.Volume, unit price, and total monetary amount of the transaction:
(1) Volume: NA
(2) Unit Price: NA
(3) Total monetary amount: USD$29,198,001.25
4.Counterpart to the trade and its relationship to the Company (if the trading counterpart is a natural person and furthermore is not an actual related party of the Company, the name of the trading counterpart is not required to be disclosed):
J.P. Morgan Chase Bank N.A.
5.Where the counterpart to the trade is an actual related party, a public announcement shall also be made of the reason for choosing the related party as trading counterpart and the identity of the previous owner (including its relationship with the company and the trading counterpart), price of transfer, and date of acquisition:
NA
6.Where a person who owned the property within the past five years has been an actual related person of the company, a public announcement shall also include the dates and prices of acquisition and disposal by the related person and the person's relationship to the company at those times: NA
7.Matters related to the creditor's rights currently being disposed of (including types of collateral of the disposed creditor's rights; if the creditor's rights are creditor's rights toward a related person, the name of the related person and the book amount of the creditor's rights toward such related person currently being disposed of must also be announced):
(1)Type of collateral of the disposed: Secured loans' collaterals are vessels and interest rate swap loans are unsecured loans;
(2)Creditor's right toward a related person: NA
8.Anticipated profit or loss from the disposal (not applicable in cases of acquisition of securities) (where originally deferred, the status or recognition shall be stated and explained):
Anticipated loss of USD 25,330,160.69
9.Terms of delivery or payment (including payment period and monetary amount), restrictive covenants in the contract, and other important stipulations:
Based on the terms of Sales Agreement
10.The manner in which the current transaction was decided, the reference basis for the decision on price, and the decision-making department:
(1)The manner in which the current transaction was decided: Negotiating the transaction price directly with the counter parties
(2)The reference basis for the decision on price and the decision -making department: BOD of CTBC Bank Co., Ltd.
11.Current cumulative volume, amount, and shareholding percentage of holdings of the security being traded (including the current trade) and status of any restriction of rights (e.g.pledges): NA
12.Current ratio of long or short term securities investment (including the current trade) to the total assets and shareholder's equity as shown in the most recent financial statement and the operating capital as shown in the most recent financial statement: NA
13.Broker and broker's fee: NA
14.Concrete purpose or use of the acquisition or disposition: For Accelerating disposal of Non-Performing Loans.
15.Net worth per share of company underlying securities acquired or disposed of: NA
16.Do the directors have any objection to the present transaction?: NA
17.Has the CPA issued an opinion on the unreasonableness of the price of the current transaction?: NA

Historical Information

18.Any other matters that need to be specified:
The above related transaction is recorded and traded in USD. The exchange rate: USD 1= NTD 29.61
The Buyer will pay CTBC Bank Ltd., related fees USD 373,000.

参考书目

《金融时报》，2009年9月

纽约州金融服务局，2016年8月

路透社，2005年8月

《南华早报》，2016年11月

《南德日报（Süddentsche Zeitung）》，2016年12月

《东方金客》，苏信吉著，2017年，伦敦Gatecrasher出版社

《贸易风》，2013年11月

维基百科

插图

本书所有插图的发送对象、创作委托人或版权所有人
为苏信吉，另有说明除外。

图 5.1：蔡友才（照片来源:《自由时报》）

图13.1：纯戏剧（照片来源：stocksnapper/123RF）

图17.1：销毁证据（照片来源：orangeline/123RF）

图22.1：摩根大通（照片来源： Felix Lipov/123RF）

图22.2：贿赂和腐败（照片来源： Andriy
Popov/123RF）

Milton Keynes UK
Ingram Content Group UK Ltd.
UKHW052001220124
436458UK00011B/95

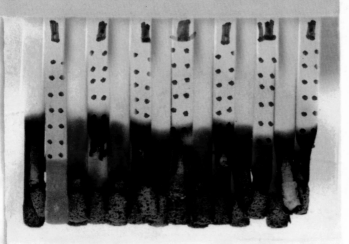

"A compelling read set in 1970's New York that paints a vivid, at times heartbreaking picture of a family in turmoil."
Cosey Fanni Tutti, author of *Art, Sex and Music*

New York. 1970s. A collapsing family in a collapsing city. The Bronx is burning uptown while the beautiful people party downtown. After her father dies and her older siblings join the Sullivanian cult, Saskia becomes her mom's mom. The grit and glamour of after-hours Manhattan is portrayed through the lens of a bereaved teen, capturing the hormones and hedonism which come with navigating the complexities of the adult world. Harrowing yet hopeful, this is a story about losing love and finding it again.